心理学名著译丛

郭本禹 主编

心理学与工业效率

〔美〕雨果·闵斯特贝格 著

李永鑫 张 乔 译

商務印書館
创于1897 The Commercial Press

2019年·北京

Hugo Münsterberg
PSYCHOLOGY AND INDUSTRIAL EFFICIENCY
本书根据 Honghton Mifflin Company 1913 年英文版译出

总　　序

西方心理学历经近一个半世纪的发展，名家辈出，名作粲然。这些名家名作或系统总结时代学术思想，或开拓创新学科领域，或探索思考人性主题，勾勒出心理学发展的历史图景，凝聚了承流接响的思想价值。

我国古代有丰富的心理学思想，却没有真正科学意义上的心理学。如同许多其他学科一样，心理学在我国属于“舶来品”，最初以译介国外心理学著述为肇基。清季蒙西学东渐运动之启赐，有识之士开始迻译西方心理学著述。19世纪80年代末曾任圣约翰书院院长颜永京开国人之先，翻译了约瑟·海文《心灵学》一书。20世纪初又有如翻译名家樊炳清译久保田贞则《心理教育学》、国学大师王国维译海甫定《心理学概论》等一批译作问世，这些译著成为当时师范学校开设心理学课程的主要教本。是类工作和其他西学译介一起承当“开启民智、昌明教育”之作用。

20世纪二三十年代一批学习心理学的留学生回国，相继翻译了当时大批最新心理学著作，直接推动我国心理学学科制度的建立和发展。据《民国时期总书目》，民国时期出版的心理学译著占心理学总出版物三分之一强。我国民国时期心理学与西方心理学的差距远小于今日,当时多个研究领域与国际心理学研究几近同步发展,其中译介工作功不可没。

新中国成立以后,由于众所周知的原因,中国心理学借鉴苏联心理学的研究成果,主要译介苏联心理学著述,而视西方心理学为资产阶级心理学,新译或重版的西方心理学著作寥若晨星,阻隔了中国心理学与西方心理学的联系。“文革”十年,中国心理学遭到灭顶之灾的批判直至被彻底取消,心理学的译介工作也完全中断。改革开放之后,中国心理学逐步恢复和发展,西方心理学著述的译介工作又开始重新起步,但相关译著为数不多。20 世纪 90 年代尤其进入 21 世纪以来,出于心理学发展和心理学知识普及之需要,我国对西方心理学译介主要侧重教科书和科普读物。

以史为鉴可知兴替。回眸中国心理学发展的百年历程,对国外心理学著述之译介始终为其要务。时下,国内对国外心理学名著的需求远胜过往。其一,从学科的长远发展来说,尽管我国心理学目前初见繁荣,但仍面临着发展中的困境,与国外特别是欧美心理学的发展水平还存在较大差距。我们需要从国外心理学名著中汲取思想智慧,冷静省思和前瞻中国心理学健康发展之路。其二从现实的迫切需要而言,随着我国经济社会快速发展、竞争压力日益加大,生活节奏不断加快,导致国民心理健康问题愈来愈凸显。心理学名著素来深刻关切人的精神世界,正可为国人提供精神生活的镜鉴和启迪。

有鉴于此,我们精心设计了这套“心理学名著译丛”。所选书目或是各家各派原创性的开山之作,或是代表性的扛鼎之作,均为心理学史上已有定评、经久不衰的经典范本。我们企盼这套“译丛”能够为推动我国心理学的学科发展和增进国人的心理福祉尽微薄之力。

郭本禹

2014年8月20日

于南京师范大学

献给

哈罗德·麦考密克

（Harold F. McCormick）

序　　言

几个月前，我出版了一本名为《心理学与经济生活：实验心理学的应用与贡献》（莱比锡：约翰·阿姆布罗西亚斯·巴斯出版社）的德语书。在对该书的部分章节进行删减，又对个别章节进行了扩展和补充后，形成了本书。虽然本书与该书的基本内容是相同的，但严格来说，本书并不能称为该书的英译本。

目　　录

绪　　论

第一篇　最适合的人

第二篇　最出色的工作

第三篇　最理想的效果

绪 论

第一章　应用心理学 3

鉴于心理学的实验方法已经系统地应用于工商业领域，本书的目的在于简述一门介于现代实验心理学和经济学之间的中间学科。目前，我们仅在经济学或心理学领域对这门新学科进行了一些零散并且无关联的初步探索和尝试，商业心理学要发展成为一个系统、严密的学科还需要很长一段时间。但是，外界越早关注这门学科的起步，越早认识到这项工作的重要性，这门年轻的学科就会得到更快、更健康的发展。在这门新兴学科发展的最初阶段，我们迫切需要采用一些清晰、具体的例证来支持这一新方法的可能性。因此，在下面的章节中，我们将着重分析在经济活动的许多分 4
支领域中已经完成的一些实验结果。这些看似独立的实验，实际上从属于一个共同的主题，因此，它们之间也是有关联的。正因为如此，我们需要把实验原则作为背景来进行一般性的讨论。基于这样一个较为广泛的角度，我们会在开始时介绍一些预备性的理论问题，作为引子，它们将引导我们更好地理解现实经济活动和实验心理学中已取得的成果。

众所周知，在为实际生活提供有效服务方面，现代心理学家一直进展缓慢，而且是勉为其难。只要心理研究完全依赖于哲学或神学的推测技术，它们对日常生活的各个方面便无所助益。到目

前为止，心理学对意识的研究转向精准的科学调查方法已经有半
个世纪了。五十年前，心理学家开始对精神体验进行最详尽的描
5 述，并且按照精准的自然科学模型来模拟并解释精神生活。他们
的目的不再是猜测灵魂，而是发现心理因素并探索控制灵魂和心
理因素之间联系的永恒规律。自此，心理学开始变得具有实验性
和生理性。近三十年来，心理学家开始拥有了自己的工作坊，所有
的文明国度里都建立了实验心理学实验室，新方法被应用于一个
接一个的心理特质组(group of mental traits)中。然而，我们面对
着这样一个令人惊讶的事实:这门新科学所有的研究结果仅仅停
留在书本知识上，没有与现实利益联系起来。仅仅在最近的十年，
人们才系统地把心理学的实验结果应用在社会需求上。

显然，心理学的实验结果与社会需求相结合之所以起步较晚，
并不是由于上个世纪的人们不愿意用理论知识服务于生活需求。
相反，大家都心知肚明的是，自然科学在每一次突飞猛进的同时，
也奏响了技术胜利的“凯旋进行曲”。无论是物理学家、化学家，还
是生理学家和病理学家，他们实验室的每一次发现都会促进物理
和化学工业、医药卫生行业、农业、采矿和运输业领域的进步，并触
6 及社会生活的方方面面。另一方面，科学家们发觉，那些具有深远
的现实意义的发现也刺激了本领域理论研究的进一步发展。当电
子波被应用于无线电通讯，或 X 射线被应用于外科手术时，追求
真理和知识的纯理论研究并没有受到削弱。由此可见，认识自然
也包含着驾驭自然，驾驭自然常常包含着认识自然。

心理学家犹豫着没有把他们的实验结果应用到类似的实践中
去是有原因的。精神生活的研究者们明显感觉到，心理学这种新

兴科学需要安静的、不受打扰的研究氛围。在接触到混乱的实际生活之前，我们需要某种成熟的环境。在肃清基本理念、真正尝试调查方法以及搜集到足够的事实之前，如果我们仓促地把实验结果应用到实践中去，那么就会对科学本身造成伤害。然而，如果这种犹豫的情绪演变成对实际生活的本能性恐惧，那么这种被合理化的犹豫情绪就会变成真正的威胁。的确，在单个案例中，时机何时成熟，新科学的内部整合何时得以巩固，以便为技术服务，人们对此可能尚有异议。然而，坐等科学家解决所有的理论问题并非明智之举。各个科学领域的真正进步，意味着相关问题的成倍增 7
加以及新兴问题的不断涌现。如果在实验室的理论成果臻于完美之前，心理学家拒绝将它们投入实际应用，那么，应用心理学的时代将永远不会到来。任何对于现代心理学的发展没有成见的人都应当承认，开始的踌躇是合理的，然而在今天，这种犹豫便是缺乏主动性的表现，是不可原谅的。对于心理科学而言，理论和实践必须相互支持的时代已经到来。心理学家已经搜集到了相当数量的事实，并对各种研究方法进行了完善和区分，尽管许多问题仍值得商榷，但毋庸置疑，应用心理学的理论基础已经建立。

应用心理学进展缓慢的另外一个重要原因可能在于，当心理学家开始使用新的实验方法时，他们迫切需要摆脱单纯的推测，进 8
而采用事实来证明其科学性。因此，他们视自然科学为榜样，采用自然科学特有的实验方法，同时接纳自然科学的特有目标。由于自然科学的目标往往是获得普遍规律，所以，在心理实验室最初建立的十年中，研究者基本上都将注意力和兴趣放在了对心理基本规律的探索上。虽然这种研究态度促进了我们对于典型心理活动

工作机制的了解，但几乎所有的个体差异在这里都被忽视了。当
心理行为呈现出不同的个体差异时，这些差异几乎就成了研究中
的一种干扰因素。为了探索心理活动的普遍规律，心理学家不得
不将其进行排除。相应的研究仅仅局限于心理体验的总体情况，
但并没有把总体情况之外的变化纳入科学研究的范畴。当然，在
以前的几个世纪，心理学研究者的兴趣几乎都在人类性格、智力和
才能的多样性上。在如今实验研究的新阶段，这种由奇闻轶事和
9 好奇心引发的兴趣被看作是早期阶段的不科学的幻想。为了克服
这种普遍的好奇心，实验心理学致力于寻求普遍规律。在这方面，
实验科学取得了胜利，它已经对思维和注意力、记忆和意志、情感
和情绪的基本规律进行了详尽的阐释。尽管在研究的起步阶段，
对于基本规律的探索是非常必要的，但如今这种做法的片面性已
经渐渐显露：它导致心理学得不到任何实践应用。在实际生活中，
即使在研究群体心理时，我们也无需研究全人类心理的共性。心
理学的理论研究者们可能会根据大众的心理特征来构建人格类
型，但是我们需要研究的是某个特定群体的人格范畴，他们的精神
生活有着鲜明的民族、种族、职业、性别、年龄、特殊兴趣或者其他
特征，这些特征区别于大众的心理特征。我们还应该参看更小的
群体或者独立个体，他们的心理面貌更需要认真对待。只要实验
心理学在本质上仍然是研究全人类共同心理规律的科学，那么它
10 就很难适应于日常生活的实际需求。研究普遍规律不能帮助我们
掌握社会的具体情形，因为这样的研究导致我们忽略了一个基本
事实：人是千差万别的，有的天赋异禀，有的平庸无奇；有的聪明敏
感，有的愚笨迟钝；有的反应迅速，有的反应缓慢；有的精力旺盛，

有的羸弱无力。

但是近年来这门新兴科学已经有了一个彻底的变化，人们开始对个体差异进行心理学的实验研究。虽然最初只是勉为其难的试验性尝试，但在最近的十年中，这一趋势已有了飞速的进展。时至今日，一个以实验方法研究个体差异的心理学已经初具雏形①。这是一种通过实验方法对比个体差异的发展计划，是心理学逐步朝实际应用领域迈进的最重要的一步。个体差异研究本身并不是应用心理学，但它却是应用心理学发展的前提。没有它，应用心理学仍将是镜中花，水中月。

---

①　威廉·斯特恩在其著作《基本方法论视角下的差异心理学》中对个体差异进行了详细论述。它对于个体差异的阐释是关于该方面的现代研究中最充分详尽的（莱比锡，1911）。

11
第二章 现实生活的需求

在这种情况下，心理学和个体差异心理学的发展更倾向于采用应用心理学的方法。与此同时，现实生活中对应用心理学的需求也日益增多，尤其是教师和医生。后来，律师也加入了这一行列，他们需要向真正的心理学领域寻求帮助。教育和教学研究总是与心理学领域有着一定的联系，作为教育家永远不能忘记的是儿童心理发展在教育思想中的核心地位。心理学已经摒弃了旧式的灵魂研究，但是在以往很长一段时间内，教育学一直依赖于哲学心理学。最后，随着实验心理学的不断发展，在新的需求的压力下，教师们开始关注现代实验室能够在教学方面给他们带来怎样的帮助。这时，有了现实的教学需求，囊括记忆、注意、意志和智力
12 的教育心理学才得以系统地建立。在这个过程中，我们可能会注意到一个缓慢但是很重要的转变。起初，只是理论心理学的研究结果被简单地移植到教学领域。后来，人们出于纯理论研究的兴趣而进行的实验研究开始被应用于实践，但是这种应用只是一种机缘巧合。再往后，教学问题才开始影响实验研究。所以说，采用实验心理学的方法来解决教学问题源于人们的教学经验。只有积累了教学经验，在心理学的基础上才能建立起真正的实验教学法。现在，我们正处于这一健康而又充满活力的运动之中。与此同时，

它对理论心理学的发展又具有一定的促进作用。

我们在医生的领域发现了类似的情况。如果没有本能的发现实验方法在很多方面可以促进医疗诊断和疗法，人们就不会重视新心理学。不仅是精神科医生和神经科专家，在某种程度上，每位医生都会在他的专业工作中借助于一定数量的心理学研究。医师们要明确病人的心理体验，研究病人的疼痛感和舒适感、恐惧和希 13
望、感知和意志，并在一定程度上影响病人的精神生活，提出建议，努力说服病人，激发病人思维，帮助病人。但是，描述和解释这种心理体验尚且成为问题，这一切只是与流行思维中最琐碎的概念有关的准心理学。医学人士认识到解剖学、生理学和病理学观测之精确以及依靠自身力量发展起来的医学心理学之肤浅。于是，医学界开始希望他们的心理诊断和疗法可以和现代科学心理学体系步调一致。医生们试图运用心理实验室的最新发现来检测神经症的感知、精神病人的智力、暗示与催眠的治愈效果。在这里我们可以看到，心理学在医学中的发展轨迹与在教育学中是一样的。最初，医生们只是采用了一些与实验方法截然不同的安全做法，但后来实验方法开始服务于特殊的医疗治疗活动。至此，医生才不再是简单地照搬他们偶然发现的理论心理学成果，而是开始用实 14
验来为医疗服务。只有通过这一步，才可以确保实验医学心理学的独立地位。

从某种程度上说，法律界也是一样。当法官或律师分析证人的经历，或讨论犯罪动机、罪犯供词及犯罪行为的社会条件时，自然而然地会涉及大众心理学。但是，心理实验室每天都有新发现，这些新方法、新科研成果就会自然而然地用于法庭。证人的观察力、记忆的精确性、错觉和幻想、受暗示性和感知力为实验调查提供了一种新思路，法庭也能够用一种新的视角来了解罪犯的情感和意志。与教育界、医学界一样，心理学付诸法律应用的最后一步也已经开始实施。法律心理学的研究者并不满足于现成的心理学
15 实验结果，而开始以法庭的实际需求为目的来进行自己的实验。人们运用调查研究来检验证词的真实性，并且寻找方法，发掘深层意图等信息。心理学的应用已经在教育学、医学和法学等领域确立起来，由于这些研究原本并不是相互孤立的，所以他们共同构成了一个统一的应用心理学的科学体系。①

一旦明确了这一新学科的独立性，这个领域自然就会不断地产生新要求和新问题。只要精神生活的研究可以为人类文明服务，都应当有应用心理学的身影。当然，刑事法律、教育和医疗并不能构成现代文明生活的全部。因此，系统的研究实验心理学的新方法是如何促进现代社会各个方面的发展的，这是应用心理学家的责任所在。比方说，社会在这方面已达成广泛共识：即目前已有的有关艺术创作、科学观察、社会改革以及许多类似的问题，都是应用心理学的有机组成部分。然而，至今有一个议题却被实验心理学忽略了，那就是经济活动和工商业领域，即最广义上的商业
16 和市场领域。这样的忽略令人感到很意外。接下来要讨论的话题，就是应用心理学如何才能延伸到这个领域。

① 有关心理学在教育、法律、医学领域的实际应用问题，我已在《心理学与教师》（纽约，1910）、《论证人席》（纽约，1908）、《心理治疗》（纽约，1909）中做了详细的论述。其中《论证人席》的英文版以《心理学与犯罪》作为书名。

第三章　方法与目的 17

显然，应用心理学应该归为技术科学。可以把它看作心理技术学，因为如果一门科学能够教我们如何把理论知识应用于实践，为人类进步效力，那么，它就应当被看作是一门技术。和其他所有的技术科学一样，应用心理学告诉我们，为了达到某种目的，我们应该做些什么；但同时，我们应该在一开始就认识到这门技术科学的局限性，尽管这种局限性很容易被忽视，使人们产生困惑。我们必须清楚每一门技术科学仅仅能够说明这一点：如果我们想要达到某种结果，我们必须利用某种方法。但是，这个结果未必是我们真正想要的结果，没有一种技术科学可以做到这一点。技术专家知道如何去建造桥梁或打通隧道，前提是人们需要这个桥梁和隧
道。但是技术专家并不关心人们是否需要桥梁和隧道，这个问题 18
必须从经济、政治或者其他角度去思考。各地的工程师们必须知道怎样达成目的，而其他人则应该思考这个目的本身是否是人们想要的。每一个理智的人都应该思考目的本身。应用医学领域就有一个极端的例子。内科医生的所有技术都服务于治愈病人的目的。然而我们必须承认，如果让病人长寿是终极目标，那么内科医生所掌握的所有医疗知识就能让他们以某种方式达成这个目标。同理，解剖学、生理学和病理学则应用于另一个极端，也就是杀人。

不管是让人们长寿更加明智，还是夺取人的生命更为可取，这都是摆在应用科学面前的一个课题。伦理、宗教或是社会哲学应该解决这些基本问题，内科医生所需要做的，只是朝着最终目标采取相应的手段而已。

我们必须在心理技术学领域作出同样的区分。心理学家可以采用某些方法，促使被告非自愿地招供，但是迫使被告招供的行为
19 是否正当，则无需心理学家操心。律师或立法者必须判定强迫一个人去公开他们的隐藏想法这一行为是对是错，合法还是非法。如果这个结果是人们想要的，心理技术学的研究者就可以确定实现目标的方法，这就是他的职责范围。我们应该牢记，在经济生活中应用心理学也应当如此。经济领域的心理技术学应该服务于工商业的某些目标，但是这些是否是最佳目标，就不是心理学家所要考虑的了。例如，如果目标是为特定行业挑选出来最高效的员工，心理学家可能需要在实验室里研究一些方法，来实现这个目标。但是，如果一些工厂想要实现其他目标，比如选择最廉价的而不是最高效的劳动力，那么就需要采用完全不同的方法。因此，心理科学家并不参与这种经济学的讨论，他们并不关心谁提出的政策最理想，不管是垄断企业、工会提出的政策，还是选择劳工的政策。他们的声明如下：如果你想达到这个目标，你就必须这么做，而且
20 你必须说明你想要达成哪种目标。因此，可以说应用心理学是独立于经济主张和党派分歧之外的严密学科。这种独立是必要的，它体现的是新科学的力量。心理学家可以展示一种特殊商品应当如何进行广告宣传，但从社会角度来看，增加这些商品的销量是否有益，则与心理学家无关。如果社会学家坚持认为人们应当少买

这么多无用的商品，我们的目标是保护买家而非卖家的利益，那么心理学家也不会反对，他们的兴趣仅仅是寻找合适的心理学途径以实现某个社会目标。心理学家既不是销售商的同党，也不是消费者的同盟；既不是资本家的同党，也不是劳动者的同盟；既不是社会主义者，也不是反社会主义者；既不倡导高税收，也不提倡自由贸易。当然，他们也有某些共同目标，这些目标毋庸置疑，正如内科医生的案例一样，所有人都认为延长患者的寿命实际上是一个大家都一致认可的目标。但是不管在什么地方，当目标并不是那么合乎常理时，心理技术家则认为，既然某种心理学方法服务于某种目的，一旦目标被确立，他们就应该采用某种方法来实现目 21
标。只有在这种情况下，心理技术学家们才会心甘情愿地完成他们的任务。

整个心理技术学知识体系的细分应该基于以下两方面。要么从不同的心理过程着手，研究每个心理因素对目标的实际作用和重要性；要么研究哪些重要目标是社会所认可的，然后寻找不同的心理因素，并将其作为手段来实现这些目标。第一种方法有很多便利条件，我们可以从注意、记忆、感觉等心理状态入手，研究每种心理状态下的心理知识如何在许多不同的实践领域提供帮助。例如，当教师想要吸引学生的注意力，那么注意力在课堂就很重要，法官希望法庭的陪审员也同样集中注意力，艺术家希望吸引观众的注意力，广告商希望获取报纸读者的注意力。任何研究注意力（一种心理过程）的特征的人都可以指出，在以上这些不同的情况下，如何唤起和保持注意力。然而，另外一种方法则与此相反，它从任务着手，看起来更加有益且重要。那么，问题就是：对于教育

任务来说，什么样的心理过程很重要？对于法庭、医院、教堂以及
22 政治等目标来说，什么样的心理过程很重要？

这篇文章仅仅是为了探讨经济学问题，所以我们必须选择第二种方式，也就是说应用心理学应该考虑它的主要目的，而不是各种手段。但是在对资料的深层细分中出现了同样的问题。在经济心理学领域，我们也要研究注意、知觉、感觉、情感或记忆等心理状态是怎样帮助企业实现目标的，也要先考虑不同的目的和目标。商业的目标不同于工业，出版业的目标不同于运输业，农业的目标不同于矿业；即便是在商业领域中，零售者的目标也不同于批发商。这样的细分是无穷无尽的，每一个特定的行业都有自己的特定目标。在同一行业中，我们也可以合并各种任务。相应地，我们
23 应该按照特殊的经济目的为每一种商业和劳动分类，心理学家会为每一种目的寻找合适的心理学方法。这就是经济心理学最理想的体系。

但是我们与这种完美的体系还差得很远。现代教育心理学和医学心理学已经发展到可以实现这种完美体系的阶段，但经济心理学才刚刚起步，现在就朝着这个完美的目标努力还为时过早。要是我们真的建立起这样一个充满疑问的系统，我们就会找不到任何答案。现阶段是提不出任何假设的，但是我们可以选择一些涉及商业生活各个方面的重要目标，通过讨论一些能够清楚说明使用了哪些方法的典型案例，研究实现这些特殊目标的方法。

立足于这个角度，我们选择了商业活动的三种主要目标，这些目标对于商业、工业和任何经济活动都很重要。首先，我们探讨如

何发现那些具有某种心理特质的人，这种心理特质使他们最适合目前的工作；其次，在何种心理状态下，每位员工完成的工作量是最多、最令人满意的。最后，我们怎样才能最大限度的影响员工的 24
心理，为商业的利益服务。换言之，我们寻求怎样找到最合适的人手，干最出色的工作，获取最好的效果。

第一篇　最适合的人

第四章　职业与健康 27

下文中，我们将不再只是停留于理论层面的探讨，而是开始着手研究第一个现实问题。我们要采用一种新型的心理技术学方法来完成一个经济学任务，即选拔人才，他们具有某种心理特质，最适合于某种经济工作。研究选拔人才这个问题可以帮助我们了解这种新型的心理技术学方法能做什么，以及不能做什么，但是今天这个方法是否得到了充分的发展，是否取得了突出的成果，甚至以后它能否取得这样的成果，并不是很重要。很显然，大家都期待明天的成功，但是只有大家现在先理解这个问题，并对这个问题感兴趣，未来的成功才会指日可待。

在调查人们的“素质”(quality)时，我们指的是广义的素质。一方面，它包括心理倾向，即那些还没有显现的以及只在特定环境影响下才会显现的方面；但是在另一方面，它还包括惯常的人格特 28
质，即个体的气质和性格特征、智力和能力特征、获得知识和经验的特征。意志和感觉、知觉和思维、注意和情绪、记忆和想象的变异都包含其中。单从心理学的角度来看，大量人格中的内容、功能和倾向性被仓促地拼凑在一起，但是在实际生活中，我们常常会这样考虑：如果一个人申请一个职位，人们会考虑他的总体素质，最开始的时候没有人会在意这种特质是遗传的还是后天培养的，是

偶然变异的还是群组乃至整个民族或种族的共性。我们只是从这
一点出发，认为这些参加工作的人们展现出各种各样的才华，发挥
各种作用以及表现出不同的心智功能，我们只是从这样一个清楚
明白的事实入手开始工作。从这种多样性中，我们得出一个结论：
有一些人更适合于某种经济任务，而有些人则不太适合。现代经
29 济生活中对劳动有着深远的分工，我们不能回避这个问题，即如何
选出更适合的人格特征，如何排除那些不适合的。

现代社会怎样解决这个问题呢？假设特定的知识或技能对某个工作来说是不可或缺的，或者这份工作需要技术能力，那么这份工作就需要进行很多测试，不管是高级职业还是低级职业活动都是如此。直接的测试随处可见，另外还需要证明之前成果的证书，以及表明教育背景的证书，申请者还常常会努力留下良好的个人印象。如果我们综合使用这些方法，这种测试就成了一个淘汰不合格者的社会机器。但是没有人可以说出什么样的人格特征能够完美地适应某种经济方面的职业。所有这些考试、测验和证书仅仅说明应聘者学习到的内容，但没有真正涉及心理素质和深层特质。所谓的印象也只不过由最次要、最外围的因素决定。本能的期望与天生的兴趣驱使着每个人找到适合自己性情、才能以及心理与生理兼具的天赋的工作，只有这样社会才会发展。

30 但事实上这种期望是完全没有根据的。原因有三：第一，青年
人对他们的自我以及对自己所具有的能力知之甚少。当他们发现
自己真正的优势和不足时，大多为时已晚。他们通常被卷入某种
特定职业的洪流之中，投入巨大精力以取得某种成就，期待着再一
次改变自己的人生。整个教育体系很少给个体提供发现自己的机

会。在学校，学生对这样那样的学科产生的一点小小的兴趣常常会被许多偶然事件所影响，比如教师的性格或教学方法、周围人的建议、家庭传统。最后，即使这样一个小小的倾向对个人的心理素质也只是产生了一点小小的影响。并且，这些仅仅是兴趣爱好而已，并不能真正决定个体是否具有适合某个职业的心理素质。举一个简单的例子，一个男孩对水手这个职业抱有浓厚的兴趣，但是他可能完全不适合这个工作，因为他的大脑缺乏分辨红色和绿色的能力。他可能从来没有发现自己是色盲，但是当他真正准备去响应招募号召应聘水手时，需要进行色盲色弱测试，他就会发现这
个令人不安的结果，也就是自己的精神缺陷。或许男孩的注意、记 31
忆、判断、感觉、思维、想象、易受暗示性或情绪等方面也可能存在类似的缺陷，这些缺陷可能和色盲（男性色盲的比率为 4%）一样，只是之前并未发现而已。这些缺陷对某些具备特定要求的职业来说是非常危险的。幸运的是，现在船员这个职业需要进行一种特殊的心理学测试，以确保选拔出合适的人才，但是大多数职业都没有这样的测试，有可能会录取心理上达不到标准的人进入该行业。

在男孩和女孩的成长过程中，他们对自己的心理弱点知之甚少，同样，他们也无法察觉心智功能方面自己所具有的得天独厚的优势。虽然他们可能察觉到自己对艺术、音乐或者学术方面有些天分，但是他们无法了解自己的注意力、记忆力、意志、智力理解、感官知觉是否有超出常人之处。不过，这些特殊的心理倾向也许会使他们在某个特定职业领域取得非凡的成就。但是，我们也发
现异常缺乏和过度开发某种特殊功能的极端情况。在这两种极端 32
情况之间，我们发现很多人的大脑是普通的，但也存在许多差异，

这些差异却不为人们所知。即使心理机制的差异再明显,个体也很难发现这种差别,这一点让人很惊讶。拥有突出的视觉记忆能力的人和拥有显著的听觉记忆能力的人即使生活在一起,也丝毫意识不到彼此的感知方式存在根本性的差异。在选择职业的时候,儿童和他们的父母都不会认真分析这种心理特质给他们带来的影响。他们知道一个对音乐完全不感兴趣的男孩子肯定不会成为音乐家,一个完全不会画画的孩子肯定不会成为画家,正如在身体方面,一个没有肌肉的男孩肯定不适合成为铁匠一样。但是一旦需要区分一些更细微的层面,以上这些判断便会变得毫无用武之地了,并且他们也不关注个体的心理特征。

个体不适应工作的另一个很重要的原因是个体通常只了解自己所选择的职业的外部条件。要想实现个体与工作的完美匹配,最基本的必备条件是要根据该职业最需要的人格素质来进行职业
33 需求分析,但到目前为止,我们还做不到这一点。青年人大多看到的是那些展现给他们的职业的肤浅特征,也许他们注意到了业界最成功人士的巨额收入。当他们决定从事某项职业时,他们经常忽视职业内部的付出、内部价值、内部差别和内部摩擦。他们无法把职业所需的基本因素和遗传的天性、周围的社会环境以及后天的训练联系起来,而这些在他们的头脑中已经根深蒂固。

除了忽视个体心理倾向,以及缺乏对各种社会任务需要什么样的心理素质的认识上,大量琐碎的偶然性事件最终会影响择业。职业和婚姻是生活中的两个最重要的决定。在选择丈夫或者妻子的时候,往往受到很多烦琐的外在动机的影响。然而,社会哲学家坚信:爱,即使再易变,也是人类深层次的本性的表现,这至少是婚

姻生活的生物学任务。在选择职业的时候，即使是这样的生物本
能也无法发挥作用。职业选择是由一时的突发奇想、偶然的机遇、 34
效仿别人、快速赚钱的愿望、不负责任的举荐，甚至仅仅是由懒惰
性决定的，它没有任何内在的原因或理由。此外，虚幻的构想常常
会彻底改变未来的职业前景。如果把所有这些都考虑在内，我们
就会毫不意外地发现：在很多方面，如果我们全凭运气，那么最终
的结果并不会好到哪儿去。即使是在青春期结束时对青少年进行
心理训练，我们仍然会发现大学毕业生经常会在一念之间做出决
定，决定自己是成为律师、医生，还是商人。人们毕生的事业建立
在小学教育和中学教育的基础上，但是人们在此时往往最容易贸
然作出自己的选择。

最终的结果和这些情况完全吻合。在任何国家的任何地方，
任何职业，尤其在经济类职业中，我们都常听到这样的抱怨：这里
缺乏真正适合的人。我们发现每一个岗位都在等待着那个“对的
人”，而我们却经常发现这些岗位充斥着资质平庸的野心家。但这
并不意味着这些职业没有合适人选；这是说明如果不认真考察个
人心理素质就去安排职位，结果只能是该职位现有的人选并不尽
如人意，缺乏合适的人力资源的抱怨就会不绝于耳。如果能对招 35
聘材料进行更好的调整，对人才的需求自然会稳步增加。我们至
少可以做出这样的预测：如果没有充分地认识到哪些决定性因素
（即心理倾向）影响人格与职业的调整，人们就很难找到合适的人
才，只会更深切地体会到合适的人力资源的缺乏。

当然，社会也有自我修正的便捷方法。个体努力做好自己的
工作，如果做得不好，就会失业，会被驱逐出这一行，就可能被社会

进步的滚滚车轮辗在轮下。事实上，如果一个事业失败、被自身领域抛弃的人碰巧进入另一个行业，并且获得成功的案例是十分罕见的。社会调查显示了一组令人震惊的数据，这个调查清楚地显示出一些出身草根但并不成功的人正是由于自己的失败变得灰心
36 失望、牢骚满腹，最后变成了社会的负担和危险。社会心理学家不再秉承以往的理念，他们不再认为每个人都能找到为国家创造价值的工作。尽管劳动者付出了最大努力，在这家工厂的这台机器面前依然会显得无能和笨拙，但是在另一家工厂里，这里的机器需要另一种心理反应，他就有可能做出令人满意的工作。他的心理节奏和内部功能可以让他适应这种劳动的要求，但是却不能适应另外一种劳动。我们整个社会没有做出任何努力，没有系统地解决职业选择的基本问题，没有让个人进行心理适应，因而整个社会必须受到最严厉的惩罚，那些寻找工作的人和招聘人才的人都应该为此作出改进。只有这样，雇主才能期待：一旦更适合的人选到位，所有部门都可以作出更好的工作；同时，那些迫切希望自己的才华得到有效发挥的人也可以期待自己的心理特征得到仔细的筛选，适应社会上的各种工作。这样一来，不仅个人能够取得更大的成功和收获，并且可以在工作岗位上找到工作的乐趣、收获工作满意度，并且可以更为和谐地展示出自己的人格。

第五章　科学的职业指导 37

科学的职业指导是介于心理学与社会政治之间的观察，适用于所有现代国家。然而，我们第一次在美国系统地克服这其中的某些困难却并没有成功。阶级之间的障碍越小，职业选择受传统因素影响就越小。政治民主的信条告诉我们，每个人都可以通过竞选获得最高职位，所以每个人都可以在生活中找到一个合适岗位。在美国，人们从一个职业换到另一个职业比其他国家更为频繁。可以肯定的是，这种变换有其自身优点，它使职业失败对个体造成的伤害不像欧洲国家那样严重，但它也有很多弊端，人们可能在毫无准备的情况下轻率跳槽。

过去十年中，美国的经济意识是如何被唤醒的，大家一定都还记忆犹新。直到上世纪末，人们还觉得生活在一个资源取之不尽 38
用之不竭的国家很安全，然而在过去的几年中，人们才开始有所反应，我们明显地发现，森林、矿产、河流等资源被肆意挥霍，人们丝毫没有考虑到未来，国民对此的态度也变得越来越不负责。突然之间，保护国家资源成为一种口号。这也转而使人们开始关注人力资源的严重浪费情况，这种浪费在各个国家随处可见，但尤以美国为甚。人们逐渐意识到，不仔细考虑工作与员工的相互匹配情况，而对劳动力进行随机分配，是多么大的资源浪费！这提供了情感背景，另外中间还产生了两个重要的社会运动。这两个社会运动相互独立，出发点不同，却又殊途同归。他们都是社会经济运动，起初都与心理学无关，但最终都无可回避地转为心理学问题。
39 于是，解决职业的科学选择这个课题就成了心理学家的社会责任。为了肩负起这个使命，下面我们将会讨论如果选择最适合的人。

这两项我们正在考虑的全美性的运动是为学生离校就业提供指导。时至今日，他们在工商业领域的科学管理仍然广为人知。从表面上看，这场始于波士顿的职业指导运动目前仍不够激进，影响范围也不大，但它确实发展迅速，而且成绩斐然。已故的帕森斯先生（Mr. Parsons）曾将附近所有即将在年底从小学毕业的男孩召集起来开会，了解孩子们对未来是否有合理的规划。在那次会上，到场人数众多，很明显，孩子们几乎不知道在现实生活中自己想要什么。于是，在个人讨论环节中，帕森斯先生尽可能地给他们提供了很多有用的信息和建议。他们对于自己未来想要投身的职业的特点知之甚少，甚至完全没有考虑过自己是否具备从事某项
40 工作所需的素质。1908 年，帕森斯先生由此萌生出一个想法，他组建了一间小小的办公室，专门给波士顿的每个毕业生提供最合理、最适合的职业建议。毋庸置疑，这个不起眼的开端之所以能取得非凡的成就，全仰仗这位已故组织者的个人魅力，他以不同寻常的机智和敏锐认识到了个体间的差异。但同时他也知道，这种仅凭印象的主观判断是不能满足需要的。他认为，我们应该从三个方面着手。首先，要分析众多备选职业之间的客观联系。对这些职业的经济、卫生、技术和社会条件都应加以考察，使每个人都能获取可靠信息，了解职业要求，认识职业前景以及职业机遇。第

二，学校应当对职业选择所涉及的这些复杂问题感兴趣。通过观察小学生的个性倾向和个人能力，老师们可以向咨询机构索取准备材料，为学生提供就业指导。第三，更重要的是我们应该更仔细 41
地解释这些方法，像职业顾问（vocational counselor）那样四处打电话寻找信息，更准确、更详细地挖掘个人特质和倾向。

众所周知，受这家波士顿办公室的影响，美国许多城市开始了类似的工作。教育界对这项运动尤为关注，市政厅和慈善组织开始重视这些问题，纽约举行了两次以职业指导为主题的重要会议，许多地区围绕学校是否应当设置职业顾问（类似校医这样的职位）这一岗位进行了深入讨论。这一运动最为称道的成就是收集到了不同职业的经济和卫生条件、供需现状、薪资结构等一系列可靠的数据。总而言之，这一运动仔细地分析了各个职业的外部因素，至少在地方层面收集了充分的可靠资料。在个人建议方面，我们进行了一定程度的大众经济调查，每个人都可以从中得到所需要的信息。虽然这些咨询机构有时会不可避免地沦为职业中介，但这是初次发展过程中的一个风险。最早的波士顿工作室也转向了新 42
的方向，更多地强调经济和卫生方面，把重心放在系统宣传如何理解职业指导中出现的问题，以及通过系统课程培训专业的职业顾问，使他们广传薪火，造福各地。①

事实上，在运动的初始阶段，真正意义上的心理分析在某种程度上被搁置一旁。咨询机构的工作人员直言，只有在心理学家确定了具体的方法之后，他们才愿意从心理学角度来进行职业辅导。

① M. 布卢姆菲尔德，《青年职业指导》（波士顿，1911）。

大部分咨询师本能地感到咨询的核心在于心理检查,但他们一致
认为,要这样做的话,必须等到心理学实验室能够提供真正可信的
方法与计划之后才行。例如,我们应该让肺部虚弱的男生远离那
些根据数据显示对肺部有伤害的工业岗位;我们应该阻止人们大
量涌进那些根据数据预测很快就会出现人员供过于求的职业,这
43 样做非常有必要。这对社会福祉以及毕业生未来幸福生活起着决
定性作用,决定他们能否找到适合自己心理特质的工作,至少远离
那些不符合自己心理特质和倾向、难以取得成功的岗位。那么,职
业顾问就把这个问题交到实验心理学家手里。我们摒弃业余心理
学家肤浅的讨论,同时也放弃教师们的纯印象主义观点,而让实验
心理学家接手这个问题,也是时代的趋势。早期的工作室研究成
果清楚地表明,只有通过精准科学的实验研究才能达到目标。而
像填写问卷调查这样的天真幼稚的方法虽在研究初期行之有效,
但是既不能促进真正、持续的经济生活,也无法满足大众找工作的
需求。为了对个体进行分析,帕森斯曾让每个求职者以书面形式
回答一系列问题,其中包括求职者自己的习惯、情绪、个人爱好、期
44 望、特征以及经历等等。心理素质对于职业顾问来说非常重要,然
而在这种研究方法里面却找不到这个因素,心理学家对此产生了
怀疑。我们之前强调普通人往往对自己的心理机能知之甚少,正
如他不知道自己走路说话时用到几块肌肉那样。帕森斯在问卷中
列出了如下问题:你平时是喜静还是喜闹,是顺从还是倔强的?你
照顾他人的感受吗?你的微笑轻松自然还是面无表情?你的言行
坦诚友好、恭敬诚恳吗?你能直视对方的眼睛吗?你的语调是谦
逊有礼、自然悦耳,还是咄咄逼人、悲观自负、冲劲十足?你的注意

力、观察力、记忆力、想象力、创造力、考虑周到性、敏捷性、接受能力、推理能力、分析能力、理解能力、建构能力以及胸怀如何？人员管理能力如何？你会欣赏画作吗？你意志软弱、易屈服、摇摆不定，还是强大坚定、顽强不屈？你喜欢与他人在一起吗？人们喜欢和你在一起吗？如此等等很显然，提问者要事先了解这些年轻人 45
的想法，并要判断受访者在填写问卷时对问卷的理解程度，他们的态度是否真诚，以及他们的个人能力。只有做到这些，问卷调查的结果才具有心理学价值。问卷的内容正是为了考察每个人的人格特质，所以整个工作可能是循环往复的。

要打破这个循环，在考察个体心理时，就不能仅囿于一般的自我观察法（内省法），而必须采用客观的实验心理学方法。实验法与内省法并不冲突。自我观察与对儿童、病人、原始民族或动物的观察虽有不同，但在这两种观察法中，心理学家都是以局外人的身份对考察对象进行观察，而在典型的实验室实验中，所有的一切最终都是基于自我观察的，我们所能做的只有随意控制和改变实验条件。即使帕森斯有时也会使用小型实验室调查，他简化一些知名的实验室方法，用最基础的方法为他的心理分析奠定客观基础。46
例如，有时为了测试记忆力，他会给孩子们阅读一些不同难度的句子，长度为 10 到 50 个单词不等，然后让他们凭记忆进行复述，或是用钟表测试阅读和写作的速度；或是他让孩子们在不同大小的圆圈中心画一个点，测量他们辨别不同事物的敏感性。但是，如果这样的实验设计乃至最简单的设计方法是存在问题的，那么当然应该由真正从事心理学研究的学者来做实验设计。例如，心理学家当然也不会通过重复别人刚讲过的话并且根据重复的结果来评价记忆的质量。心理学家非常清楚，世上有不同类型的记忆力，如果某种职业需要考虑记忆力因素，那么要先确定测量的是哪种记忆功能。

但是，即使实验方法多么精确，这样的步骤也无法充分真正解决问题，还有不可或缺的一步，那就是使实验结果适应经济活动的
47 特殊心理需求，这个前提就是要进行独立的心理学分析。之前的大多数实验设计正是由于忽略了这一步而带来不少麻烦，人们甚至认为特殊的心理需求是任何一个外行都能够判断的事情。事实上，他们需要进行最仔细的心理分析，只有用科学的心理学方法进行分析，个人能力的研究才能服务于市场需求。这种以心理学途径解决职业需求的方法有利于进行职业指导，许多职业机构都尝试准备了这样的材料，但是又太过普通。例如，[1]我们看到，对制糖厂的员工有如下描述："本行业的男性员工必须整洁、干练、强壮，最重要的是干净、适应性强。"对面包师则有如下的描述，男孩子们"应该举止得当，迎合顾客"；对建筑设计师，"必须有很好的创造力、艺术感、以及绘图能力"；对一个裁缝而言，她应该"视力和色
48 彩感俱佳，双手灵活、又快又稳，仪表整洁"；而对速记员来说，她"必须具有良好的理解判断能力，通晓常识，视力听力俱佳，记忆力良好，反应敏捷，能全神贯注"。显而易见，这些描述都与科学意义上的心理分析相去甚远。综上所述，我们可以这样说：在这个职业指导运动中，现代实验心理学并没有为新兴经济任务提供服务。

---

① 《男孩的职业》(1912 年由波士顿就业局发行)。《波士顿女子的职业》(1911 年由女性商务教育联盟发行)。《职业系列公告》(1911 年由妇女教育和产业联合会发行)。

但是，一方面它表明，只有实验心理学家参与进来，运动才能进一步发展，另一方面，很明显，一旦实验心理学家设计出重要的的研究方法，那么在职业中介机构中就会有一些合适的社会机构，他们愿意接手这样的工作，并且可以付诸实践，为美国年轻人以及工商业服务。

49 # 第六章　科学管理

在讨论实验调查的案例之前，我们可以先看一下美国的其他运动。众所周知，有大量文献详细阐释了人们推进科学管理所做的系统性努力。狂热的信奉者们宣称，这是自引进工厂制度和机器生产以来工业界最大的进展。反对者们则立即反驳说这是一个错误，并声称在引入科学管理的工厂中，这个尝试已经宣告失败。人们很快用事实检验出真相，也就是这种说法也对也不对。一方面，费雷德里克·泰勒(Frederick W. Taylor)的追随者们几乎把他的想法当成了一种信仰，他们常常夸大新理论的实用性，他们在工厂所进行的改革说明新系统仍然有点头重脚轻。也就说，工厂
50 雇用了太多的高级雇员以确保工厂按照科学管理的原则运转。另一方面，某些方面的反对意见(比如贸易工会)可能被忽视了，它并不反对提高效率，只是反对这个方案中的一些社会性的特点，比如这个方案会导致短期内工人数量的减少。虽然有以上弊端，但毋庸置疑，这场革命性的运动提出了整个工业界都不能忽视的最宝贵的建议。只要避免夸大其词，这场运动就会为我们奠定更广阔的根基，新理论的原则就会不断发挥其价值。我们随后会讨论这个系统各个方面的特点，尤其是非常有趣的运动研究。这里，我们只需要讨论这场运动的趋势，讨论人们现在关注的问题，以及人们

关注的员工的个体精神分析，以避免失配。

的确，如何解决这个问题，对于学习科学管理的人来说，似乎是不可回避的。因为科学管理的目标是组织经济工作，通过这样的组织可以避免浪费精力，最大程度地提高工业企业的效率。而仅仅通过过度驱使工人是永远无法实现这一目标的，认识到这一点是一切的前提，靠延长工时或可能会影响员工身心健康的手段 51
看起来似乎可以奏效，但却达不到目的。相反，提升个体的工作乐趣和生活满意度却是这个方案中间接的、最重要的一环。要做好这一环节需要明显地改变劳动分工，还需要重新划分监督者和劳动者，需要改变工作自身、劳动工具以及媒介。但在做好这些的同时，当然我们需要寻找一些方法，来发现特殊工种的最佳员工。引入更科学的管理，就会改变个人成就的取得更复杂、更困难的情况，工厂就更需要不断研究个体劳动者的技能、耐力和智力，把新的重任交给最适合的人选来完成。相应地，员工选择的问题也就变成选择新的高效工程师，这使他们自然而然地认识到，真正必需的特质和倾向应该是心理方面的。在关于这项新运动的最前沿的著作中，越来越多的内容开始清楚地强调工人的选择要参考他们 52
的心理特质。

然而，利用真正的应用心理科学解决这个问题还很遥远。在这次运动中，每每有刊物提及依据心理学的原理选择最佳员工这个问题时，总是语焉不详，同样，涉及物理、数学、生理或化学等任一学科时，即便是拥有最前沿的科学知识的人也很难运用相关的心理学知识来介绍其科研成果。埃默森(Emerson)洞悉了这一普遍现象，并在他最新的著作中坦言："能使每英亩生产出高于州平均产量五倍的土豆的既不是土壤,也不是气候,而是心理学!”[①]他还说:“在选择助手时,教育背景、体能,甚至先前的品行等这样的表面特征都不如态度、癖性、性格来得重要,毕竟这些才是决定一个人的关键。”[②]他还充分认识到尽早确定心理要素的必要性,他说:“即使是最了不起的报纸也要由工人进行排版。”然而学徒制有
53 严重的局限性,一些操作工永远不能超出 2500em*,而有些人不费吹灰之力就可以达到 5000em。老板在收学徒时会测试他们能否达到 5000em 吗?当然不会,他们可能以其他的标准选拔学徒,但并不看最基础、最重要的先天素质。”[③]但是所有这些仅仅说明问题是存在的,事实上并没有给出任何解决方案。科学管理的理论家似乎认为,在物理测量时,最巧妙的测量方法是必不可少的。但是,对于心理研究来说,加入一点直觉是很有必要的。关于怎么操作,埃默森举了个例子:“即使在那些年龄较小的人身上,或者在那些半熟龄的人身上,有天赋、有良好的分析判断综合能力的专家也可以察觉到人们的想法和癖性,而且可以万无一失地指出哪些人从事哪些工作容易取得成功,哪些微小的改变(比如增加或者减少某些东西)可以使人事半功倍。”[④]真正的心理学专家当然不能相信这种恭维性质的话。他们无法做到“万无一失”,只要还没有找到确切的方法来解决问题,只要他们还没有找到实验测量的方

① 哈林顿·埃默森,《效率是经营和工资的基础》(纽约,1912),第 107 页。

② 哈林顿·埃默森,《十二个效率原则》(纽约,1912),第 176 页。

* em 单位名称为相对长度单位。相对于当前对象内文本的字体尺寸,国外使用比较多。——译者

③ 哈林顿·埃默森,《十二个效率原则》,第 156 页。

④ 哈林顿·埃默森,《十二个效率原则》,第 177 页。

法,用科学调查取代猜测臆想,他们成功的把握依然很小。 54

泰勒是唯一一位在自己的著作中记录了以实验心理学方法进行科学管理的人,[①]他记录了汤普森先生(Mr. S. E. Thompson)在一家自行车滚珠厂进行的实验。这家工厂里有 120 名女工负责检查滚珠。女工们要将左手掌心朝下,手指并拢,然后把一排锃亮的小钢珠放在手背的指缝间来回滚动,同时在强光下仔细检查,她们右手拿着磁铁,发现有瑕疵的滚珠,就用磁铁吸出来。这项工作需要高度集中注意力。她们每天需要这样工作十个半小时。汤普森先生很快认识到,除了耐力和勤快,这项工作最需要的素质是反应敏捷和快速响应的能力。他知道心理学实验室已经研究出一种方法,精确地测量从认识到反应再到行动所需要的最短的时间,我们称之为反应时间,通常以千分之一秒为单位。因此,他建议测量女工们的反应时间,并淘汰那些从发出信号到行动反应用时较长 55
的人。当然,这样可能会解雇许多聪明勤奋、忠心耿耿的女工,但会缩短工时、减少工人数量。最终,通过淘汰,从原来的 120 人中筛选出了 35 名女工,这 35 名女工即使在最快速度下的工作准确性也比以往 120 名女工在最低速度下要高三分之二。尽管她们工作的时间更短了,但是她们的工资几乎翻了一番,同时也大幅度降低了工厂的成本。然而,用心理实验室的方法来研究效率工程师(efficiency engineer)的工作仍然是一种特例。而且,不需要专门去发明新方法、分析心理来测试反应时间。这些情况表明,虽然科学管理原则的追随者意识到了心理调查的需要,但是还没有采取

① 弗雷德里克·温斯洛·泰勒,《科学管理原理》,第 86—97 页。

56 任何行动去应用真正的科学心理学的成果。可以说，这种情况与就业指导领域的情况相同，都对心理分析和心理测量有着模糊的需求，但迄今为止对心理学只是浅尝辄止。它与科学的严肃性形成了鲜明对比：在就业指导领域关注经济学问题，而在科学管理领域关注物理学问题。因此，从实验心理学的视角去检验这种情况的原因，就成了实验心理学家的职责。

第七章　实验心理学的研究方法 57

现在,我们可以看清楚这种心理技术问题了(psychotechnical problem)。我们根据所需的必要心理特质分析特定的经济任务,还要寻找测试这些心理特质的方法。的确,我们必须坚信只有对职业需求和个人所发挥的作用这两方面都进行了彻底的科学检验之后,工商业的利益才能得到保证。只检验其中的一方是不会达到令人满意的效果的。当然,也可以只考察个体心理特质,然后在理论上推断对哪些经济任务而言,这些特质的存在是有益的,而对于哪些任务而言,这些特质的缺乏或缺失是致命的。常识或许可以在这上面发挥作用。举例来说,如果在心理检查中,我们发现某人是红绿色盲,那么无需任何职业心理分析,我们就可以判定他不 58
适合在铁路或海军部门工作。因为在这些领域,红绿信号极为重要。我们也可以当即推断这样的男孩不适合从事所有的艺术类工作,因为色彩的细微差异对艺术类的工作来说非常重要。同样,他也不适合在印染公司的某些部门工作,因为患有色盲的人不适合在制衣坊或女帽店工作。色盲工作者无法从苗圃中区分出草莓,无法从绿叶中分辨出红花,所以当我们判断他们能否从事园艺工作时,我们首先要考虑的是这项工作在多大程度上需要具备色彩辨认能力,认识到不同光照强度以及不同光照下的形状等等在多大程度上能够弥补这个缺陷，满足实际工作的需求。此外，除了这些心理缺陷，还有很多正常范围内允许的不易察觉的细微差异，如果只对心理状态进行检查，而忽视职业本身的心理需求，那将是表面和肤浅的。职业应当有自己的门槛，我们必须首先找出该职业需
59 要哪些心理特质，并对这些特质进行排序，了解它们的重要程度。我们必须采用试验的方法通过确切的步骤来考察那些重要的特质。

这种实验可以根据以下两个原则中的任意一个来进行。一种方法是检验心理过程，因为它是工业整体不可分割的一部分。采用这种方法，我们要构建相应的实验条件，确保整个心理活动能够以渐进的、可测量的方式进行。这种方法对职业工作的心理部分进行系统化的研究，实验规模也较小。第二种方法是将心理过程分解，单独检验它的每一个基本功能。后者的优势是可以采用许多熟悉的实验心理学方法进行检验，而前者需要针对每种特殊的职业状况进行全新的实验设计。

具体选用哪种方法，必须取决于特定职业的商业性质和工业需求，还必须以仔细分析经济运营过程为前提。的确，人们很容易
60 发现，在某些特定的工业活动中，会有一系列心理功能受到质疑。因为尽管他们在一定程度上也相互影响，但只是单个铺陈排列，并没有整合为一体。而对于大多数工业任务来说，这种统一性是必需的，仅仅检验心理要素是不够的，正如我们想检测一台机器，只检测它的零部件，而不去检测它的整体性能是不够的。在第二种方法中，整体功能并不能代表全部性格，它只是整个精神生活的一小部分。我们可以用心理学方法进行检验，比如要检查雇员是否适合于某项技术工作，我们可以考察这份工作所需要的注意力、想

象力、智力、意志和记忆等素质组合起来是否符合这个职位的要求。我们可以重新列出所有这些条件，预测个体是否符合这项技术工作的要求，但是我们也可能会完全忽视个体是否诚实、是否容易与人发生口角这些问题。一言以蔽之，在决定该个体是否是一位工业生产所需要的理想员工时，我们没有把该个体的心理倾向考虑在内。

要认识这些不同方法的重要意义，我们最好选择几个具体案例作为例证，并对其进行详细分析。但我们首先应该明白这一点 61
以避免更多的误解：这些案例并不是完整的调查研究报告，我们可以把这些案例的结果看作是应用新心理技术学所得出的结论，我们并不推荐把这些结果应用于实践目的。应用心理学领域并不存在真正完整的调查。这些案例所能提供的仅仅是基础性和先驱性的工作。我最近开始关注这个领域，也正是因为这些案例考察了心理素质并把工业中的具体职业联系起来。应用心理学的发展还需要对各个分支领域进行长期的延续性实验。我们希望能早日出现令人满意的结果，希望有越来越多的合作者研究这个新领域，也希望在其他原地方和其他机构有更多的研究者开展这类研究。因此，我提供一些自己的初步研究报告，证明研究的可行性，以求抛砖引玉。

我以电车司机的选拔为例，来阐述第一种研究方法，即检验整个心理过程。然后，我将讨论接线员的选拔，以阐释第二种研究方法，即分解心理过程，检验其独立心理成分的功能。我之所以选择 62
这两个职业，是因为他们在现代经济活动的技术领域都扮演着非常重要的角色，而且他们的从业人数都非常庞大。

63 第八章　有关电车服务业的实验

电车行业缺乏合适的司机，这一问题引起了我的注意。由于电车司机的部分过失或全责引发的交通事故，让人们备感不安，甚至激起民愤。电车公司不得不支付法庭判决的巨额赔款，有些公司的赔偿金额甚至达到了其总收入的13%。去年冬天，美国劳工法立法协会曾邀请众多职业专家召开会议，讨论不同情况下发生的电车事故。各地的电车公司代表、经济学、生理学以及心理学的专家均参加了此次会议，并进行了一般性讨论。当然，备受关注的问题有疲劳驾驶、事故次数的数据统计、事故次数和不同时间段以及工作时间的关系。然而，比起单纯的疲劳驾驶，人们更倾向于关
64 注司机的整体心理素质。保持注意力集中的能力、对街道上偶发事件的抗干扰能力，尤其是预判行人和车辆的行为轨迹的能力总是因人而异。电车公司称，有的司机在实际工作中从未出过差错，因为他们总能提前预判乱走的行人和新手司机的行为；而有的人总会遇到各种各样的事故，就是因为他们不能预测事态的发展。我们也不能因此而责怪他们，因为他们并不是由于不小心而引起事故，他们仅仅是缺乏先天的直觉进行预测。所有这些都引发大家的思考，是否可以将心理分析应用到这个领域，美国劳工法立法协会建议我采用实验心理学的方法调查这个有趣的问题。一想到

这个国家每年会发生大约五万起的电车事故，我就备感其现实意义之重大。因此，我果断决定采用实验室调查来进行研究。

根据以下方法来研究司机的身体功能或许是可行的，即把司 65
机复杂的行为过程分解为不同的因素，然后独立测试每一部分的功能。例如：一旦有发生事故的危险，只有司机刹车的动作足够快，才能有效地把车停下来。因此，我们可以检验个体在遇到视觉刺激时的反应速度。如果一个玩耍的孩子突然穿过轨道，能否在十分之一秒之内作出反应就可能导致其不同的命运。但同时我发现，在那些经常发生事故的司机和公司认为可靠的司机中，他们的反应速度并没有显著差异。看起来他们中间根本不存在反应慢的人。当然，在录用之前，公司会作一些必不可少的身体功能的检查，比如视力检查。所以，这些因素并不是区分好司机和坏司机的显著因素。

因此，在电车司机这个案例上，我总结了单个成分功能研究的
要点，转而关注心理过程。经过仔细观察，我认为心理过程才是导 66
致事故的核心原因。司机的注意力是一个复杂的心理过程，这其中包括在瞬息万变的街道状况中，对观察对象、行人、马车以及汽车等众多动态物体的速度和方向的观察。与电车轨道并行的还有人流和车流，有的行人从左边走过来，有的从右边走过来，有的慢慢靠近电车车轨，有的想横穿车轨。面对这样复杂的情形，有些司机抑制住了自己的各种冲动，想要等靠近的人或车先行。很显然，他们就不适合做电车司机，因为这样开车的速度太慢了。而另外一些人，即使电车在高速行驶，他们也可以暂时应对这种处于不断变化之中的复杂情形，但是他们很快就会走神，只顾着盯着远处的

马车，而忽视了身边那些就在离电车很近的前方漫不经心地穿越车轨的行人。总之，我们观察到在驾驶电车这种特征明显而又有统一要求的活动中，司机们具有各种不同的心理类型，而这些心理类型又是由注意力和想象力的不同形式的组合决定的。

我所做的就是把电车司机的行为移植到实验室中去进行研
67 究。在此，我不得不提及工业心理学的实验方法。有人会很自然地认为，通过把外部环境进行微缩和复制，就可以完美地再现实验所需要的特殊工业任务。这意味着我们需要在实验室的桌子上放许多小型电车模型来进行实验，并对司机进行测试，这明显是不合适的。这些设备的复制品经过了精简，它们会使人产生与现实生活中截然不同的想法、感觉和行为意愿。这个实验的前提就是被试必须假想自己处在这样一个被微缩了的环境中，但这一点并不容易做到，尤其是对于那些教育程度不高的被试而言。这一点在海军军事法庭上就表现得非常明显，法庭上常常用小型船只模型来演示船只碰撞，但经验表明，在面对模型时，那些在港湾或在海上长期与真实船只打交道的舵手会产生困惑，他们很难理解船只之间的位置关系。即使在海战学校，使用小型的船只模型来演示
68 海上战争时，为了战术需要，军官们也会进行必要的内部调整，把模型放在较大的桌子上以便于正确地显示比例大小。在海上，海军军官们会觉得远处的船更小些。但在看模型时，人们就觉得所有的船只看起来都是一样大。总体来说，以我目前的经验，我认为对于经济心理学领域的调查研究而言，使用这些小的模型演示实际的工业机制是不合适的。心理实验的核心不在于仪器的外部相似性，而仅仅在于内部心理态度的一致性。执行某个动作的外部

机制越系统化，那么这个动作本身就会越真实。

因此，在电车司机的实验设计中，我需要满足两个要求。首先
要保证检验方法的有效性，也就是说，能分别用好的检验结果和差
的检验结果甄别出优秀司机与不适合的司机；其次，要能使被试产
生共情，塑造出的情景要能使被试感到身临其境，产生几乎和现实
中一样的心理反应。这些实验方法能检验试验结果是否令人满 69
意，而实验操作的机器不一定是电车，被试的行为也不一定要与现
实工作中的完全一致。我采用复杂的方法进行了几次尝试，结果
都不令人满意。最后，我选择了如下的实验程序。它可以满足上
述那两个条件。

实验中，用一块 4.5 英寸宽、13 英寸长的纸板来代替街道，在
纸板正中纵向划两条粗线，代表电车轨道，并使其间距为 0.5 英
寸。这样，两线外侧各有 2 英寸宽的空白。再将整个纸板平分成
234 个边长为 0.5 英寸的小方格，一个小方格为一个单位。这样，
每个横向就有 9 个方格，而且中间的那个方格正好在两条粗线之
间，每个纵向是 26 个方格。将居中的 26 个方格，也就是两条粗线
之间的方格依次用大写字母 A 到 Z 标记出来。在轨道两边的 8
排方格内随机填入颜色不同(黑和红)的三个数字。数字 1 代表每
次只移动一个单位的行人；数字 2 代表马，它的速度是人的两倍， 70
每次移动两个单位；数字 3 代表机动车，以三倍的速度，每次移动
三个单位。同时，黑色数字代表人、马以及汽车，它们与轨道并行，
不会横穿轨道，在考虑安全隐患时可以忽略不计；而红色数字代表
可以随时横穿轨道的高危对象。被试要尽快判断轨道上哪些字母
会被红色数字所占据，也就是说，按照这些红色数字的大小，它们

下一步会落在这26个轨道单位中的哪些字母上。红色数字3距离轨道有四步远，可以不用考虑，因为下一步它到达不了轨道；距离轨道只有一或两步远的红色数字3(每次移动3个单位)也不用考虑，因为下一刻它会完成穿越到轨道的另一侧。但是距离轨道有三个单位的红色数字3、距离轨道有两个单位的红色数字2以及距离轨道只有一个单位的红色数字1，都将在下一步落在轨道上，都需要在判断时将其考虑在内。被试的任务就是尽快找到这些危险数字。这个任务无疑是很难的，因为很多的黑色数字将分
71 散被试的注意力，而且人们很容易分辨不出面临危险的红色数字和其他很近或很远的红色数字。

实验设计一旦被确定，剩下的就是技术问题了。我需要找到一种技术装置，确保被试可以控制并测量人工轨道上的运动速度。我们又进行了多次尝试，最终找到了最满意的设备。我们制作了12张这样的卡片，每个都附带一个手柄，方便抽拉。然后把这12张卡片叠在一起，并在最上面放置一个透明玻璃板，这样就可以很方便地看到卡片上的内容，第一张看完后就可以抽掉，然后继续看第二张。第12张卡片下面安装的是弹簧，能把卡片弹起并顶在玻璃板上。把玻璃板连同下面的12张卡片一起放在一个黑色木盒里，然后盒子的上方用一块8英寸宽的厚厚的天鹅绒长布完全盖住。这块天鹅绒长布前后两端各有一个滚筒，前面的滚筒上面还有个金属把手，可以摇动滚筒使天鹅绒长布在木盒上滚动。天鹅绒中央挖了一个窗口，4.5英寸宽，距离下面的玻璃板有2.5英寸高。摇动天鹅绒前端滚筒上的把手，天鹅绒就会向前移动，透过天鹅绒上的窗口就能看见玻璃下面标有轨道和数字的卡片。卡片的

宽度是 9 个单位(中间轨道一个单位,两边各 4 个单位),通过离玻璃板 5 个单位(2.5 英寸)的窗口(9 个单位宽),被试的视觉范围为横向的 9 个单位。如果被试用右手转动滚筒上的把手,窗口就会 72
上下滑动,被试可以从纵向上依次看见卡片上的内容,然后他只需要根据不同数字代表行人可以行进的步数,说出两边红色数字将要到达的轨道方格上标记的字母就可以了。当窗口滑到卡片上的最后一个字母 Z 时,工作人员就会抽掉那张卡片,就可以看到下面的第二张卡片。与此同时,天鹅绒上的窗口就会落到第二张卡片上。这样一来,被试就能不间断地转动滚筒上的把手,直到 12 张卡片全部结束。工作人员记录下卡片编号和被试指出的字母,并用秒表记录下从第一张卡片开始到第 12 张卡片结束整个实验所用的时间。当然,实验所用的时间取决于被试转动把手的速度。因此可以从以下三方面判断实验结果,可以用三个数字表示:秒数、被漏报的字母(即被试没有注意到的红色数字到达的轨道单位数)和不正确的字母(没有危险却被叫到的轨道单位数)。在对结 73
果进行分析时,我们可以忽略第三个数字,只把注意力放在速度和被漏报的字母上。

实验能够顺利进行的一个必要条件是向被试认真解释实验设备,并且让被试尝试去操作。被试要彻底明白自己要去做什么,寻找什么,否则实验绝对不能进行。出于这个目的,在开始之前我总是先呈现出一张卡片(非被试的那 12 张),给被试讲解红黑数字的不同意义,教他如何计算步数,给他举几个例子解释为什么有些红色数字到达不了轨道上,有些会走到轨道另一边,而有些则正好落在轨道这个危险区域上。当他完全明白你这些实验规则,再带领他来到设备旁边，让他慢慢地移动小窗，练习寻找危险区域。当他漏报了某处危险或是指错的时候，我都会提醒他。这样不断重复，直到被试能完全掌握实验规则，才开始正式实验。这些准备工作一般只需要几分钟。

74 设计出这些心理实验方法之后，我开始着手招募被试，并找到一家不错的电车公司，他们非常友好地给予了我大力支持。应我的要求，该公司提供了一些他们最好的司机，这些司机在长达二十年甚至更长的工作中从未出过事故；还提供了大量的差点被解雇的司机，他们或多或少都有过碰撞或其他事故记录；当然还有一些表现说不上特别好也说不上特别差的司机。

这个实验建立在这样一个基础上，那就是所有参加的司机都认为在做实验时要把自己置身其中，想象着自己在轨道上开着电车。在这个实验中，被试需要持续注意左右两边可能出现的障碍物，从那些行进方向与轨道保持平行的众多行人和车辆中发现那些向轨道移动的行人和车辆，需要快速辨别其速度变化，要关注行人和车辆的稳步前进，而无需去关注那些过于遥远的或那些距离
75 很近、在电车到达前就能穿过轨道的行人和车辆。总而言之，这样复杂的状况对注意力、想象力和快速判断能力有很高的要求，很容易让司机身临其境。另一方面，实验结果表明，被试在实验中的成绩和实际工作中的情况表现出了广泛的一致性。鉴于实验的次数并不是很多，所以这种一致性表现得并不彻底，并不如预期的那样理想。由于一大批次要因素的介入，实验结果和电车公司事故之间的相关性也受到了影响。例如，我们必须考虑到，电车公司挑选出来的那批被试都是有着二三十年驾龄而未出过事故的司机，年

龄都相对偏大，他们的思维不像年轻人那么活跃，也很难将实验想象成现实，而且他们已经很久不碰书本了。所以，我们可以毫不意外地料想到，尽管一些年轻的被试并不是理想的司机，但这些年长的被试在完成同样的测试时，成绩会不如那些比他们年轻 20 多岁的聪明、思维敏捷的被试。另外，司机们在实际工作时可能依靠的 76
是那些与心理要素无关的因素，而实验所考察的只是与发生事故有关的心理状态。即使已经证明司机的心理素质不具备发生事故的条件，但是他也有可能经历一次轻微的碰撞事故。但是，我们可以进行进一步的分析，我们的实验考察的只是被试心理状态中预判危险的能力。毫无疑问，对公共安全而言，这种能力是最重要的因素，但这并不能排除其他心理因素导致事故发生的可能性。比如有的司机胆量大，倾向于冒险；有的司机还需要进一步的训练；有的司机不熟悉路况等。即使司机在预判能力的测试中表现良好，这些次要的因素也会导致轻微的事故。最后，我们不能忘记的是，有些实验对象做实验的时候可能会紧张，所以在第一次测试心理因素的试验中可能会发挥得不太好。所以，很显然我们不能只取第一次测试的成绩，而要进行多次重测。如果把这些各种各样的干扰因素都考虑进去，实验结果与实际工作表现之间的一致性 77
是相当令人满意的。实验结果让我有理由相信，这样的实验应当继续，建立在这一原理基础之上的测验很可能引入司机的雇佣选拔测试之中。

然而在评估实验数据时，我遇到了困难。被漏报的字母本身并不能起到决定性作用。很显然，只要有足够的时间，任何智力正常的人都不会出现这种失误。比如，只要给被试 15 分钟来完成实验中的 12 张卡片，他们几乎不会出现失误，这与司机以每小时一英里的速度行驶不会撞到人一样。实际上，真正的问题是要把最快的速度和最小的漏报率这两个因素综合起来进行考量。花很短的时间但是失误相对较多的司机和花很长的时间然而失误较少的司机的水平应该是差不多的。我们在对司机的实验结果的统计中发现，完成 12 张卡片用时最短的也不低于 140 秒，而最长的用了 427 秒；另一方面，所有被试的漏报次数都大于 4，最糟糕的多达
78 28 次，我还剔除了一个漏报次数达到 36 次的极端数据。总体来说，被试所用时长在 180 秒至 420 秒之间，漏报次数在 4 次到 28 次之间。在这里，我的目标是找到一个可以涵盖这两种数据的公式，这样我们只需要比较一种数值而不是两种数值。如果把时间和漏报次数简单相加，那么次数的比重就太小了，漏报 10 次仅相当于多用时不到 10 秒；如果将二者相乘，次数所占的比重又太大了，漏报 4 次与漏报 8 次之间的差距相当于 200 秒与 400 秒之间的差距，这就把时间严重地两极化了。最后，为了平衡数据权重，我把计算公式确定为漏报次数乘以 10，再加上时间(以秒计)。这样，漏报 4 次与漏报 28 次之间的差距是 24 次，乘以 10 的话，得到的结果就是 240。换算为时间的话，这个数字落在 180 秒与 420 秒之间(实验中被试所用的最短时长和最长时长)。以此类推，时间增加 50 秒，对应的是多漏报 5 次。一个人比另一个人少用 100 秒的话，如果他漏报的次数比另一个人多 10 次，那么从是否满足该行业需求的角度来说，两人的能力是均等的。

79 用此公式计算，我发现，经过良好训练的年长司机的得分是 450。我把这一数值当作平均水平来处理，这就意味着在第一轮实

验的设定条件下，某人如果用时 400 秒的话，漏报次数就不能超过 5 次；用时 350 秒，漏报次数就不能超过 10 次；用时 300 秒，漏报次数就不能超过 15 次；用时 250 秒，漏报次数就不能超过 20 次。但是，如果漏报次数超过 20 次，就不能单纯以速度来弥补这个失误率了。如果某人漏报次数达到 30 次，哪怕仅用时 150 秒，得分也达到了 450 的标准，他也同样不适合于从事司机这一职业，因为他的性格可能不适合驾驶电车。他会仅仅为了节约时间而高速行驶，而这种行为是非常容易酿成事故的。我认为，250 秒内出现 20 次漏报已经是上限了。我们施测过的年轻司机当中，最好的成绩是 290 分，用时 270 秒，仅漏报 2 次。350 分以下都可以被认为是优秀的成绩。例如，某人用时 237 秒，漏报次数为 11 次，得分为 347 分。成绩在 350 分至 450 分为良好，450 分至 550 分为一般，550 分以上就是很差的了。而对于那些年长司机，他们可能会不太容易适应实验环境，所以应该改变对它们的限制。如果进行多 80
次重测，也应当相应改变评估结果的方法。同时，司机们的文化水平、数学能力以及练习程度都要考虑进去。因为我们发现，受过教育的年轻人，在长时间的观察训练之后，能比任何一位司机更快地完成实验。以这个实验为例，对我的哈佛大学实验室从事研究工作的最优秀的研究生而言，他们的全部得分均不超过 275 分，而所有的司机被试的成绩均高于 290 分。有个学生甚至拿到了 233 分的最低分，只漏报 1 次，全程用时 223 秒；第二名的学生用时 215 秒，漏报 3 次，得分 245；第三名用时 228 秒，漏报 2 次，总分 248，等等。

对于本次实验，我总结如下：电车公司在选拔司机时，在应聘

者的受教育水平和年龄符合要求的情况下，应该对他们进行基于
上述原理设计的测验。如果应聘者的漏报次数超过 20 次，应当予
81 以拒绝。漏报次数少于 20 次的，就用漏报次数乘以 10，再加上所
用的时间（以秒计）。如果根据公式计算出的成绩小于 350 分的
话，在他们就具备了可能避免事故发生的较高心理素质。成绩在
350 分至 450 分之间，属于良好水平；超过 550 分，在任何情况下
都应当是不予考虑的。然而，在提交实验报告时，我还是强调我原
来的观点，即这个实验还处于初级阶段，还需要科学与工业领域进
行长期的合作，以更好地修正实验设计，把这类心理测验的结果当
作雇用员工的一个考察方面，并为此创造具体条件。无疑，实验还
有许多需要改进的地方，但是，即便这种处于初级阶段的、未得到
充分验证的方法，在花费每个人的时间不超过 10 分钟的前提下，
就能够有效地将目前的电车司机队伍中的四分之一淘汰出去。然
而，这部分司机并不应当受到指责。他们在其他很多领域也许会
有更好的表现，他们既不粗心也不莽撞，也不会违规操作，只是他
们的心理机制不适合从事司机工作，他们缺少这种职业所需的特
82 定的心理组合类型，即注意力和想象力的特定组合。如果通过这
种测验能够将目前数以千计的受伤案例和数以百计的死亡案例减
半，所带来的交通状况的改善将是专家们一直讨论的技术设备的
更新所无法比拟的。整个工业社会都将会认识到，在原料、机器和
人这三大因素中，人并不是最不重要的因素。相反，人是最重要的
因素。

第九章　有关船舶服务业的实验 83

考虑到如何规避事故，在对特殊实验的方法进行测试时，我们认为该测试并不能由实际的结果来决定，因为我们不愿眼睁睁地看着被试身处险境。因此，在这种情况下普遍的方法是采取非直接的方式。每年会发生成千上万的事故，故上一章中关于司机的研究条件是非常成熟的。但是有一些领域，我们也可以找到一些实例，却很难把问题的结果与现实的不幸联系起来，因为危险的发生几率极低。然而考虑到他们的重要性，我们需要对它进行最认真的研究。因为这些事故一旦发生，就是人间惨剧。航运业就是如此，驾驶舱的工作人员稍不留神，就可能使成千上万的乘客陷入险境。我将以此为例，证明我们从事这样的职业研究对该行业的促进作用。

远在泰坦尼克号灾难发生之前，就有一家世界级大型航运公司找到我，咨询能否通过心理学的方法来筛除那些遇到突发状况 84
无法妥善应对的高级船员。这家公司的经理在写给我的信中说，以他的经验来看，巨型船只的真正威胁来自于高级船员的心理倾向。这些船员在正常状态下都知道发生什么情况时应该怎么处理，但在面对各种突发状况，如在大雾中快速航行时，相当多的高级船员无法及时反应、妥善应对。这位经理认为，有两种人不应该

成为高级船员。一种是虽然熟悉各种应对策略,但在危险突降时
呆若木鸡的人,这种人的反应能力受到抑制,在紧急时刻既想作出
反应,又受无关因素的干扰,左右摇摆,犹豫不决,直至错失良机铸
成大错。另一种人觉得应该采取行动,仓促之中,不假思考,贸然
85 行事。在意外发生时,他们没有认真考虑现有条件是否能满足需
要便立刻采取行动,而正常情况下,他们往往不会这么做。他们在
偶然情况下所作出的反应正如一个着火的人自身难保却还在抢救
那些不重要的财物一样。当然,在上述两类人之外,还存在第三类
人,他们就是最为理想的高级船员。这些人在突发状况下能够保
持冷静,对所有相关因素的重要性快速进行评估,当机立断,作出
与深思熟虑后几乎完全一致的决策。该经理坚信,辨识这三种人
并确保前两种人不会踏入驾驶舱,才是航运业的重中之重。所以
当他听说哈佛实验室正在开展经济心理学研究时,就向我寻求这
方面的帮助。

这个问题引起了我的兴趣,我进行了一系列的长期实验来构
建仿真环境,在这种环境下测量模拟复杂局面下决策的心理过程,
86 特别是要测量决策的速度、准确性和稳定性。刚开始时,我坚信这
种复杂的决策必定和一些简单的心理过程有关系。比如,如果决
策过程与个体的联想能力、辨别能力、受暗示性、知觉能力、记忆能
力有着密切关联的话,我们很容易就能预测个体所进行的决策,因
为我们可以用心理实验室的常规方法对这些简单的心理功能进行
测试。出于这一考虑,我认为应逐项调查决策心理机制和基本心
理过程的关系。实验室的学生们进行了这样的调查,目前还没有
完成这些研究。但是,很快我就意识到这样进行研究对解决实际

问题毫无益处。因为事实上，个体的基本心理功能与复杂的决策行为之间的联系是因人而异的，不能一概而论。① 为了解决实际问题，我必须以实验的方式来模拟复杂局面下的决策过程。

我们需要设计出一种情境，把众多的可以定量测量的因素组合起来，而不去区分每个因素的相对重要性。实验对象要尽可能 87
快速地找出最为重要的那个因素。与以往的实验一样，我从复杂材料着手，逐渐简化仪器，最终以一种不为人注意的方式把它们呈现出来。这可以保证实验方法运用到更广泛的人群中去，达到最理想的效果。用于解决实际问题的简易研究设计都简便易行，比那些需要专门培训才能操作的精密仪器要有用得多。最终我采取如下方式进行实验：选取 24 张扑克牌大小的卡片，在每张卡片的上半部分写上 4 行大写字母，每行写 12 个，这些字母是 A、E、O、U，这些字母的排列分布是随机的，每个字母都可以重复。在其中 4 张卡片上，某个元音字母出现了 21 次，另外三个元音字母各出现了 9 次；在其中 8 张卡片上，某个元音字母出现了 18 次，另外三个元音字母各出现了 10 次；在另外 8 张卡片上，某个元音字母出现了 15 次，另外三个元音字母各出现了 11 次；在最后 4 张卡片上，某个元音字母出现了 16 次，另外三个元音字母各出现了 8 次，并有 8 个辅音字母穿插其中。实验中，要求被试尽可能快地将 24 张卡片分成 4 堆，并确保第一堆卡片中字母 A 出现的频率最高， 88
第二堆中卡片中字母 E 出现的频率最高，以此类推。同时又规定，被试不能统计每个字母的出现次数。如果被试违规偷偷计数

① 实验正在进行中，J. W. 布里奇先生将在日后公布详细内容。

的话，结果只能是显著延长决策的时间，成绩反而更不如人意。

从被试看到第一张卡片开始，直至分好最后一张卡片为止，我们用秒表以 0.2 秒为单位记录下被试实验全程所用的时间。然后，我们检查被试是否把卡片放错了堆，并统计其犯错的次数和特征。我用这个实验测试了很多被试，结果显示，那些在实际航运中观察到的不同心理特质在本次实验中完全得到了验证。有些人完全没有头绪，漫长的选择过程对他们来说是种煎熬。即使不考虑错误的数量，他们仍觉得自己不能达成满意的决策，因为他们的注
89 意力越来越涣散，他们的精神也越来越麻木。他们一会儿锁定某些字母，一会儿又被另一些字母吸引了注意，仿佛字母们争相跳起来喊：“我才是最重要的，我才是最多的！”这种犹豫不决的心理状态在面临实际危险时尤为致命。而有些人在分配卡片时非常迅速，他们觉得自己一眼就能找出出现次数最多的字母，然而，成绩显示，他们犯下了许多错误，而他们在深思熟虑后是不可能犯这样的错误的。仓促之中，他们匆匆锁定闯入眼帘的一小组字母，并产生了强烈的印象，这种印象如此强烈，致使他们不再考虑其他字母，并最终导致他们迅速做出了错误的决定。当然，我们也发现了这样一组人，他们迅速地完成了任务，出错极少。在实验中，他们的印象是从看完所有的 48 个字母之后得来的。这也是为什么我们能拿定性而又多样化的现实生活场景与混杂的定量的数字群作对比。

90 如果只考虑时间指标，我认为，能在 80 秒内完成卡片分配任务的人决策很快；80 秒至 150 秒的人居中；150 秒至 250 秒的人显得有点深思熟虑，在需要快速反应的时候，就显得有点滞后；超过

250 秒的人，就属于摇摆不定犹豫不决的人了，他们在面临生死抉择时，容易错失良机。我还认为，在整个实验过程中，纯粹的分配卡片的时间极短，几乎可以忽略不计。为了证实这个想法，我要求所有的被试在实验开始前进行一个小测试，要求他们把 24 张卡片分成 4 堆，在每堆上面的第一张卡片上，这四个字母（A、E、O、U）中的一个字母只出现了一次。这种分配方式不需要比较不同的字母和元素。经测算，这个过程所用的平均时间为 20 秒，非常快的人少于 18 秒，非常慢的人才会超过 25 秒。鉴于正式实验时长在 200 秒以上，这个 10 秒以内的误差显然是微不足道的。有意思的是，个体在这两个实验中的结果并不总是一致的。有些被试在对 91
只印有一个字母的卡片进行分堆时，速度很快，而在对印有 48 个字母的卡片进行分堆时，由于需要进行比较，他们的速度就很慢。而且在前一个实验中，是否玩过扑克牌游戏对成绩似乎有一定影响，但在正式实验的决策任务中，这种影响几乎不存在。

我们在一开始就已经强调，错误次数和分配时间是同等重要的。正如我们所知，速度很快但错误百出的人和反应迟钝的人一样，其心理机制都不适合担任高级船员。在统计成绩时，仅仅检查多少卡片被放错了堆是不够的，我们之所以把卡片设计成 4 种不同的组合类型，就是为了区分不同错误的严重程度。当某个字母出现 21 次而另外三个字母只各出现 9 次，这明显比某个字母出现 15 次而另外三个各出现 11 次的卡片要更容易一些，被试更容易找出带有最多重复字母的卡片进行分堆。分配决策越容易，犯错的后果就越严重。当然，对于这些错误的赋值是相当主观的。我们对不同的错误进行了如下赋值：被试对某个字母出现 21 次的卡 92

片分配错误时，每个错误计 4 分；被试对某个字母出现 18 次的卡片分配错误时，每个错误计 3 分；被试对某个字母出现 16 次的卡片分配错误时，每个错误计 2 分；被试对某个字母出现 15 次的卡片分配错误时，每个错误计 1 分。以此为基础，可以将被试的错误分配的分数进行累加。总分低于 5 分的人具有非常可靠的完全值得信赖的决策能力；5—12 分的人决策能力令人满意；12—20 分的人决策能力就值得怀疑了；20 分以上的人决策能力就很差了。为了综合考察错误次数和分配时间，我们还将错误积分与被试完成实验所需的时间（秒）相乘，结果小于 400 分意味着被试面临复杂状况时，决策迅速准确；400—1000 分意味着迅速决策能力正常，较令人满意；1000—2000 分说明差强人意；2000—3000 分代表不可靠；3000 分以上意味着被试缺乏决策能力。显然，我们提供不了这个赋值方式的确切依据，也正因如此，我才举这个例子来说明研究的困难之所在。高级船员或犹豫不决而导致船舶相撞，或脑袋一热做出错误的决策，而一旦经过深思熟虑，他一定会责怪自己
93 的草率决定。事实上，这样的情况少之又少。所以，也不可能把这些酿成事故的驾驶员和优秀驾驶员召集在一起来完成某个实验，比较他们的心理测验结果。而且，即使是保持多年安全航海记录的驾驶员也有可能做出错误的决策，从而表现出其心理素质上的不足之处。考虑到这些因素，我们的实验才采用这种较为间接的方法。我的目的是将实验结果与被试自陈的、在面对复杂突发状况时的决策经历进行比较，并且询问他的朋友们，如果被试面临这种情况，被试会作出怎样的反应，以此进行对比。在这些方面，个体差异极为显著，即使是在有着相似教育和培训经历以及其他共

同特征的被试小群体中，差异也非常明显。

以我实验室中最优秀的学生为例，他们有着非常相似的教育经历，在进行实验工作时，也接受同样的培训，错误积分与实验总时间(秒)的乘积却从 348 分到 13335 分不等。分数最低的学生用时 116 秒，错误积分 3 分，而且分配错误的 3 张卡片都属于难度最 94
大的那组卡片，即某个字母出现次数为 15 次的卡片。速度最快的学生用时仅 58 秒，但就是这名学生，依据上述赋值公式计算后的错误积分达到了 13 分。分数最高的那位同学用时整整 381 秒，错误积分还达到了 35 分之巨。非常典型的情况是，表现最好的那名学生在实验中体会到了快乐，而得分最高的那名学生则备受煎熬，度秒如年，出现了身体不适。如果仅仅参照得分，我们很难对这些人进行分类，因为有的人快却错误连篇，有的人慢而正确，他们的得分却是相同的。实验结果与被试自我报告的结果有着惊人的巧合。每个人可能都经历过始料未及的突发事件，许多人对自己当时的心理反应留下了深刻印象。他们非常了解自己当时的情况，有的无法迅速决策，或是在仓促中决策错误，或是瞬间平静下来，凭直觉作出与经过深思熟虑作出的同样正确的决策。卡片分类实 95
验的结果证实了在日常事件中这种自我观察的有效性。我们希望，这种实验方法能得到扩充和完善，证明其实践价值。显而易见，这项研究的前景十分宽广，因为不同的心理倾向类型不仅与航运业息息相关，还在一定程度上影响着铁路和其他工业领域的工作。

我们从一开始就强调，我们对复杂情境中的单个心理机能进行测试，并不是说这个心理机能就是唯一重要的心理因素。对高级船员是如此，对电车司机来说也是如此。如果我们想对担任高级船员所需的或理想的心理倾向进行研究的话，就会发现还有很多其他素质，都可以采用心理调查的方法来进行研究。比如，我们希望船只在大雾中航行时，船长仅仅凭借雾笛信号就能够辨认航行的方向，但到目前为止，声音定位的心理状况还没有引起人们的关注，而在过去的很长一段时间里，我们的心理实验室曾做过许多关于这方面的研究。我们知道，声音的定位取决于两耳的位置差，
96 两耳敏感性的不同会导致特定的听力问题。现在在船舶驾驶舱工作的船员中，有些人的一只耳朵的听力优于另一只耳朵，但是他们天真地以为，仅凭一只耳朵就能够清晰地听到所有的声音，仅凭这只听力较好的耳朵就能准确地辨识声音的来源方向。这是一种错误的观念。我们经常看有些工人单眼视力有缺陷或暂时一只眼睛被绷带包扎起来了，他们自以为只使用一只眼睛照样可以视觉清晰，不会影响工作任务的完成。实际上，他们不知道，只有双眼共同视物才能产生心理上的融合，由此才能对距离产生正确的视觉印象。上述工人往往低估了自己与转轮或机器部件之间的距离，用手掌在转轮或刀刃之间来回移动，这是非常危险的。总的来说，在探讨人格的契合度时，无论是对从最低级到最高级的技术活动进行研究，还是对从最简单的感知机能到最复杂的心理层面进行分析，都需要系统地引入实验心理学的研究结果。

第十章　有关电话服务业的实验 97

在有大量相对独立的心理活动（而非只有一项显著的心理活
动）发挥作用的行业中，我们希望证明用心理实验技术来选拔员工
是可行的。在此，我以电话交换机接线员的工作为例，来对这个问
题进行说明。由于实际利益的需要，电话公司强烈建议对其心理
因素进行研究。在这里，我们只是依据上述观点来对其进行分析。
一般情况下，用户并不会考虑在接通电话以及挂电话之前，转接中
心需要完成多少工作。典型的情况是，从拿起话筒一直到挂断电
话，假设负责接线的女孩理解到位，拨号正确，其中至少有14个独
立的心理过程发挥作用。公司里的经验表明，如果接线员每小时 98
转接电话的数量超过255个，她们往往不能很好地满足用户的需
求。但是官方数据显示，超过这个工作量是常有的事。[1] 在极端
情况下，这一数量可能会超过300。而且在高峰期，连续几分钟内
的每一分钟都会有10个电话打进来。通常的情况是，几个接线员
会分担这些工作量，这样算下来，她们每人每小时大概要处理150
个电话。而在早晚高峰时段的那一个小时内，她们所接的电话远
远不止这个数。巧妙地安排中途休息时间，加之良好的卫生条件，

---

① 《劳动局对于电话公司的调查报告》，华盛顿，政府印务局，1910年。

可以保证适合该职业的工作人员每天能够工作八到九个小时，而
不会感到非常疲惫。另一方面，这项既细致又快速的工作常常需
要高度紧张、快速而又准确地把线路插向被叫线路的插孔里，这一
步很难，然而却是接线员必不可少的工作步骤。自然，只有一少部
分人的神经系统才能经受得起这样的工作。如果接线员在工作中
不能长时间地保持注意力，不能快速操作，或者无法准确记住号
码，后果不会像电车司机那样造成致命的事故，但是也会导致精神
99 疲惫，甚至精神崩溃，致使行业陷入混乱局面。最终的结果是公司
不得不连续地解雇不少这样的员工，而她们在上岗之前已经花了
数月的时间接受公司的培训。作为一家拥有16000名接线员的大
型公司，贝尔电话公司为此付出的代价是昂贵的，不仅是员工的健
康受损，而且用户的抱怨也在不断增加。最重要的是这关系到公
司的经济利益，因为每一个满足视力、听力、教育条件和个人形象
方面要求的女孩在公司培训的时候，公司都会支付给她们一定的
薪水。尽管在最初的半年时间内，全程都有人监督指导新手，仍然
有超过三分之一的人会离开公司。一些人是由于不适应或能力不
足，一些人是因为过度疲劳或其他类似的原因，公司为此蒙受的经
济损失显然是巨大的。与此同时，对于那些离职的接线员来说，她
们花费几个月的时间参加培训，投入大量精力去学习她们以后可
100 能根本用不到的东西，这也是一种浪费。综上所述，电话公司来找
我寻求帮助也就不足为奇了，他们迫切希望我能从科学的视角出
发，采用实验的方法事先对应聘者的心理状况进行检查，看看他们
是否适合从事这项工作。

在对转接中心的工作进行了一段时间的实地观察后，我认为

在实验室里模拟话务转接活动并不可行，还是应该把整个心理机能分解为基本的心理倾向，并逐个进行实验测试更为妥当。我们的实验不需要与典型的话务转接有任何直接关系，我们可以采用一些著名的实验方法来检查其中的每一项心理活动。在第一轮试验中，我挑选了 30 名年轻女性作为被试。根据电话公司的规定，接受这份工作的女孩年龄在 17 岁到 23 岁之间，她们不久前刚刚进入电话公司进行培训。根据 8 种不同的心理物理机能，我对她们进行了测试。也就是说，我几乎抽取了所有与人体测量学有关的指标，如手指的长度、呼吸和脉搏的快慢、听觉和视觉的敏锐度、 101
发音的准确性等。一部分心理测试是单独进行的，但大部分心理测试是群体进行的。

这些常规测试包括记忆力、注意力、智力、准确性和速度等内容。我想用几句话来对这些实验进行概括。在记忆力的考察中，给所有被试依次朗读两个 4 位数、两个 5 位数、两个 6 位数……直到两个 12 位数，要求他们在听到数字后立即默写出来。由于注意力在话务工作中至关重要，所以我采用了实验心理学中测量个体差异的常规方法，并依据实验的目的进行了适当调整，实验要求被试在一篇意思连贯的文章中划掉某个字母。测试时，30 名被试坐在教室里，每人手中都有一份当天早上的报纸的第一页。我强调一下，这是一份当天的报纸，内容之新会分散被试的注意力，而这正是我们想要的。一旦发出信号，每个被试就有六分钟的时间用铅笔划掉文章中每一个字母“a”。六分钟结束后，铃声响起，她们就要阅读报纸的下一篇文章。这样，我们一是可以发现被试在 6 102
分钟内正确划掉的字母数量，二是可以找出他们各自漏掉的字母数量，三还可以看看这些正确划掉和漏掉的字母在文章中的分布情况。测试结果表明，被试在上述三项指标中都存在显著的个体差异。有些人划掉了很多，也漏掉了很多；有些人几乎没有漏掉一个“a”，但速度很慢，所以划掉的字母数量很少；而有些人起初做得并不好，但随着注意力的集中，就渐入佳境；还有些人开始时成绩不错，但稍后注意力就开始涣散，划掉的字母数量下降，或是漏掉的字母数量上升。通过这个测试，我们对每个人注意力的波动情况、不足和长处进行了细致的了解。

第三个测试是对被试的智力水平进行群体测试。一旦讨论如何测量大众的智商，我们就会陷入无休止的争论之中。心理测试的书籍中有专门论述智力测试的章节。尤其是将智力测试运用到
103 教学领域时，或者在一定程度上应用于医学领域时，一定要加以详细的阐述。是否存在一个一般性的核心智力因素，是否可以把一个貌似完整的智力活动分解为一系列纯粹的初级加工过程，这是一个备受争议的话题。然而，最新的教学调查支持这样一种观点，即在所有专门的心理加工过程之外，或者说在它们之上，还存在一种不可再分的智力因素。正是这种智力因素调节着我们的知识、经验和倾向，以适应不断变化的生活。通常，学生在班级中的成绩差异代表的就是这种智力上的差异。虽然勤奋程度、记忆力以及其他类似的次要特征上的差异可能会影响成绩，但对于一个善于观察的老师而言，他很熟悉自己的学生，依据这种智力上的差异来对学生进行成绩评定，根本不是什么难事。在课堂上进行的心理学实验已经证实，可以通过测量一些简单的心理活动来测量智力。最好的方法是让实验者基于某个实验，按照顺序（教师提供的成绩

记录单的顺序)给学生打分。为了达到这一目的,我们提出了多种 104
方案,比较的结果表明,以下的试验方法是最可靠的。在这个方法中,实验结果的排名和教师给出的排名呈现出高度的一致性。[①]在实验中,学生会听到很多成对的单词,每对单词中的两个单词在逻辑上是从属关系。随后会向学生朗读每对单词中的一个单词,然后让学生写出另一个单词。这不是一个简单的记忆力实验。测试的结果表明,如果没有采用逻辑上有联系的单词,而是随机采用没有任何关系的单词,没有人能记住这样一长串复杂无序的组合。然而采用意义有关联的单词,最聪明的学生往往能记住所有的单词。这个实验在课堂上所取得的良好效果让我决定在自己的研究中也试一试。在实验中,我选择了 24 对与被试女孩们的经历相关的单词。我们又进行了另外两个与心理学相关的课堂实验。我们通过实验测量了被试对距离的感知,要求每个人用铅笔将一张纸
划成两半,一个是依据长度来划分,一个是依据宽度来划分。最 105
后,我们测量了他们的速度,每十分钟会发出画图的信号,要求他们用铅笔在纸上描绘出某个特定的形状。

在这些群体实验之后,我开始进行个体测验。在第一个测验中,要求被试以最快的速度将 48 张卡片分成 4 堆,以 0.2 秒为单位进行计时。第二个测验检查了动作的准确性。桌面的不同位置固定了 3 张纸,每张纸的中间位置都画了一个细细的十字。要求被试随着节拍器的节拍,用铅笔笔尖去点三张纸上的十字的中心。点过之后,纸上的铅笔痕迹会显示它和十字中心相差有多远。其

① 里斯,"智力测验方法的贡献",载《心理学杂志》,1910 年,第 56 卷。

中一个十字形标记距离较远，被试只有伸直手臂才能达到；另外两个位置，被试只需弯曲手臂即可完成动作。我之所以介绍这个测验，是因为对于接线员而言，准确地插到电话交换机上的各个插孔是非常重要的。最后一个个体测验是联想测验，我说出六个单词，例如“书”、“房子”、“雨”等，要求被试听到后马上说出最先出现在
106 他们脑海中的单词，时间同样精确到 0.2 秒。在更严密的实验中，
时间精确到 0.01 秒，然而这里是用不到的。

纵观实验结果，我们发现，在记忆力实验中，十位以上的数字记忆效果是没有必要考虑的，因此我们只选取了八位数到十位数的数据来检验。研究发现，共有 54 种可能出现的错误类型，实际测验结果中错误最少的人只错了 2 个，而失误最多的达到了 29 个。在划掉字母的注意力实验中，被试在六分钟内正确划掉的字母数量最少为 107 个，最多为 272 个；最少的只漏掉了 2 个字母，而最多的也只漏掉了 135 个，但这种极为粗心的情况也非常罕见。总体上讲，漏掉的字母数量在 5 到 60 之间波动。把正确划掉字母和漏掉字母的数据综合到一起，我们发现最佳成绩有两个，一个是划掉了 236 个字母，漏掉 2 个；另一个是划掉了 257 个，漏掉 4 个。在六分钟内所犯错误的分布中体现出了注意力的不同类型，对于这些有趣的细节，我们并不打算在最终结果里体现。在测试智力的词语实验中，针对 24 个单词的复述，所有被试能记住的单词都
107 不超过 22 个，最少的仅为 7 个。在距离感知的测试中，感知误差
一般都在 1 毫米至 14 毫米之间。卡片归类所用的时间都在 35 秒至 58 秒之间。单词联想测试中，被试所用的时间都在 9 秒至 21 秒之间。在第一阶段的试验中，我们并没有采用动作准确性测验

的数据，因为很多被试无法跟上节拍器的快节奏，导致数据的代表性不够强。

有很多方法可以用于对实验结果的数学分析，我倾向于采用最简单的方法。我计算了每个被试分别在每项测验上的成绩，比如某位被试在记忆测验中排名第 7，在正确划掉字母的测验中排名第 15，在字母遗漏测验中排名第 3，在成对单词的复述测试中排名第 21，距离感知的准确性中排名第 11，联想测验中排名第 16，卡片分类中排名第 6。只要我们计算出了这些相对独立的分数，就可以计算出他们的平均成绩，并以此为标准，得到最终排名。显然，这种计算方法有偶然因素在内，在我们给予每项结果同等权重赋值的情况下尤为如此。如果按照测试项目的权重而给予不同的 108
赋值，效果可能会稍好一些。比如，给注意力测试或者智力测验以较高的分值，让这两项的得分分别乘以 2 或 3，这样权重较大的测验项目就会在很大程度上影响最终成绩，使实验更有针对性。在第一轮实验中，我只采用了最简单的方法，采用同等权重的平均成绩，这样可以排除随意性，我个人比较满意。

理论上说，三个月的时间就能够看出接线员之间的差异，谁是优秀的，谁是一般的，谁是不能胜任的。于是，三个月后，我们把实验结果的排名和三个月内接线员的实际工作表现进行了比较，比较的结果总体上令人满意。首先，电话公司在被试群体中混入了几名接线员，她们不但有长时间的工作经历，有的甚至还是该公司培训学校的教师。在分析结果的时候，我并不知道这几名有经验的被试的身份。如果被试在电话公司的评价特别好，然而在试验 109
中排名很低，那么我们就会对试验方法的可信度产生强烈的质疑。

然而，实验结果却证明在实际工作中最有能力的被试在实验排名中也十分靠前。相应地，那些在实验排名中靠后的被试在实际工作中确实是不合格的员工，她们要么主动辞了职，要么被淘汰掉。确切地说，这种对应并不是尽善尽美的。比如说，有一名员工，在实验中排名靠后，但公司认为到目前为止，她的工作还是不错的。而另外两名在心理实验中成绩靠前的被试却被公司认为表现一般。

显然，即使采用更为理想的方法，实验的结果也会与现实情况有所出入。一方面，在实际工作中，三个月的时间来确定员工的最终表现还远远不够，另一方面，尽管只是一些次要因素，也会干扰我们测试该员工在心理层面是否适合该工作。比如，最适合从事
110 这项工作的人也可能会因为身体不适而导致表现不佳，然而有的被试可能表现出暂时的勤奋努力和精力充沛，但是这种不真实表现会导致结果的偏差，当然最后很可能会出现精力衰竭的情况，十分危险。心理实验结果和实际工作表现之间的些许出入并不能否认实验方法的重要性。另一方面，正如我反复强调的一样，这一系列的实验只是一个开端，我们不能寄希望于在这样的初步探索中，就能找到万全之策。持续开展研究工作，必将会找到更好的测验组合和更好的实验方案。但是，更为重要的是，为了更好地去解决现实问题，为数以万计的员工甚至是全社会谋取经济利益，这样的研究应当依据不同的实验方案在不同地区迅速开展起来。只要实验方法设计完美，只需短短几分钟，成千上万的应聘者就可以从长达数月的学习和培训中完全解放出来。当然，我们对特定的案例进行详细分析，并不是说要把这种特殊实验推广到全国的电话公

司中去。但是有一点是很清楚的，仅仅对该实验方法进行简单的 111
阐述，我们不仅对工作本身进行了测试，而且把每个人的工作分解成一系列平行的心理机能，然后分别对这些机能进行独立测试。实验使用的仪器并非新发明的设备（例如我们在测试电车司机的试验中的装备），而是采用了心理测试中经常用到的简单装备。

采用这些快速小测试就可以合理的测量单个心理机能。在心理学界，这种实验方式也是经常被讨论的话题。长期以来，当这些测试方法用于课堂教学时，一些工作方法缜密的学者不太愿意接受这种看似肤浅的设计方法。曾经有一段时间，研究人员将精力全部投入到人类心理的共性上，很少考虑个体间的心理差异。而且，学者们本能地采用纯理论研究的标准，致使心理学的真正应用遥遥无期。不可否认，按照他们的观点，我们的测试无法在更细微的结构层次上作出完整而又科学的人格分析。理论研究者深知如 112
果要对个体的反应能力、联想能力、记忆力、注意力和情感进行全面的科学测量，需要长达数月的研究。仅仅依靠短短的半个小时的测试，是不可能取得圆满结果的。这些略显清高的学术论调在二十年前还站得住脚，可在今天就显得迂腐愚钝了。一方面，实验方法本身已经非常多样化，像记忆力、注意力等等关于具体心理行为的研究，我们就有十几种成熟的测试方法可供选择，而且往往稍加调整，就能用于其他的类似功能的研究。[①] 另一方面，个体差异的研究和应用心理学的研究兴趣也在与日俱增。与此同时，对

① 调查中涉及大量的测试和参考书目，参见 G. M. 惠普尔，《身体和心理测试手册》（巴尔的摩，1911）。

实验研究真正目的的理解也在逐步加深。事实上，可以说实验的价值完全在于与实际问题的联系。当然要想研究理论问题，对心理规律和变化进行科学研究，就需要进行长期潜心的投入实验室研究，这一点是必不可少的，这也是速成的测试法永远无法替代
113 的。然而，涉及教育学、法学或医学领域，尤其是有关工商业领域的实际问题，测试法便是最好的选择。如果我们的任务是发现个体在某特定的实践工作中的心理活动的大致特征，采用测试法就能适应特殊场景的需要，并取得理想的结果。

真正难题在于我们所选择的这类方法要具有操作上的便捷性。一个复杂的装备会让非专业人士望而却步，只有训练有素的人才能操作。此外，非专业人士也不会去搭建或适应这些设备。但如果无需高端设备，而像我们的实验一样，只使用字词、数字、音节或图片，甚至是报纸之类的简单道具时，人们就会觉得再简单不过，很容易上手去操作，或者进而根据需要自己去调整方案，这也是为什么现如今有那么多测试来检测特定的心理机能。但是，比起单纯的测验种类及变式的增加，现今真正需要的是规范这些杂乱无章的测试方法，确保在主要的测试中采用确切的标准和规范，而非增加测试的种类和变式。

114 此外，这类实验还有一个最大的危险，就是那些还不太适应心理实验的人士很容易就会受到误导。他们会认为无需认真研究实验的各种条件和伴随的情况，只要按部就班地进行实验就行，这样可能会导致实验过程比较机械，结果也可能不尽如人意，这并不是实验方法本身所期望的。另外，非专业人士极少认识到，除了此刻正在测试的心理机能外，还有多少其他心理因素会对实验结果产

生影响，而受过专业培训的研究人员会自然而然地考虑到影响实验的其他所有次要因素。拿记忆力实验来说，专业人士可能会详细研究实验的特殊情况，包括被试的情感、注意力、已有经验、智力、心理状态，以及任何有可能间接影响实验结果的因素。因此，实验应交由那些受过心理学研究方法培训的专业人士来操作，他们更能根据实际情况选择合适的实验模式。比如说，在考察心理机能的经济影响时，何时需要对心理机能进行分解，何时需要对心 115
理机能进行整体性的考察，都应该交由这些专业人士判断。

116

第十一章　实业家的贡献

现实生活中很多典型事例都说明，心理学工具应该得到更好
的应用。心理学家也付出了很多努力来证明这一点。在过去的一
年中，我设法与隶属于不同工业领域的数百家美国大型企业取得
了联系。虽然时间不允许我在如此多的企业中亲自观察，但无论
在哪儿我都会设法从领导者那里获得一些信息。我在私人便函里
询问他们，从管理者的角度来看，在企业的各项工作中，员工必不
可少的心理素质是什么。我总是询问他们，在招聘求职者时，多大
程度上考虑到了这些心理特征，有没有一些材料能证明，某些员工
不适合于从事某种工作而适合于从事另一种工作。我得到的答复
有毫无价值的几行文字，也有长篇大论的文件，有时还有各部门负
117 责人撰写的详细报告。

然而，大家都对这些问题的形成抱有浓厚兴趣，因为这些问题对他们来说是全新的。这些回答无论来自造纸厂、机械厂、肉类加工厂、啤酒厂、电厂、化工厂，还是铁路公司、矿业公司、百货公司、出版社，他们都承认自己没有有意识地关心员工的心理倾向。当然，他们也注意到了自己的员工是勤劳还是懒惰，是诚实还是欺骗，是熟练的还是笨拙的，是平静的还是爱吵闹的。但是我在信的开头已经强调了，这些方面并不在我考虑的范围之内。我所谓的

心理素质是心理机能，比如注意力、记忆、思维、想象、情感、意志、暗示性、学习能力、辨别能力、判断能力、空间意识、时间意识等等。如果在这里讨论为什么这两组特征属于精神生活的两个不同的方面，以及为什么只有后者才是严格意义上的心理学范畴，那就扯得太远了。管理者在日常生活中习惯用实际的方法来看待他们的员工，正如我们通过分析邻居的心理机能的意义以及他们的目的来 118
了解我们的邻居。这种对他人内心的解释不是心理分析，它告诉我们他人内心深处的意图，但没有告诉我们，这种意图的结构和组成部分是什么。我们可以用阐释和辨别的方法来抽象地描述心理元素，虽然这些元素本身毫无价值和意义，但是如果想要确定某人是否具有我们期望的某种心理机能，这是唯一重要的途径。

我收到的信件答复显示，迄今为止，在企业中几乎没有人注意到这些客观的心理学方面的问题。但是很明显，管理者无疑认为这个问题很重要，它关乎经济是否成功。许多不同领域的公司和部门都希望从心理学的角度来研究就业问题。我的资料大多来自大型企业，在这些企业中很多不同种类的工作是相互支持来共同完成的。我经常收到这样的案例：如果一个勤奋工作、精力充沛的员工在一个岗位上不成功，我们尝试把他调到其他部门，通过这种调换，通常可以找到适合他的地方。对于刚入职的年轻人来说，尽 119
管他们在一家企业有较长的试用期，同时他们也有十足的干劲，却无法使用某种自动化的机器。但是，他们做其他更复杂的工作时，却能游刃有余。有些女性员工同时进行多项工作时，出现粗心大意、注意力不集中的状况，然而当她们全心全意投入一项工作时，工作质量却很高。当然，也有一些相反的案例。

我可以提几个非常巧合的具体例子。在铅笔厂的某个部门，女工们需要一把握住 12 支铅笔，不能多也不能少。有的人立马就学会了，他们的收入也高，而有的人试了好几次却依然学不会。如果把这些学不会的人调到另外一个部门，这个部门负责在给铅笔印花之前，在铅笔笔身上非常仔细的包上金箔纸。尽管这个工作对精确性要求极高，他们却非常适合这份工作。为了从心理机能的角度研究类似的工作需要多久换一批人手，我还可以查阅我国一家大型企业的一份报告。在会计部门，很多女孩正在忙着审查
120 数以万计的纸条，每周的工资就是依据这些纸条而发的。每个账单上包含 6 个数字，每 20 张纸条一组，这些女孩们要审查每张纸条上的六个数字是否一致。她们用湿润的食指逐一翻动纸条，就像银行职员数钱一样。一个好的员工可以快速地翻阅成千上万张纸条，而不漏掉任何一个错误。其翻阅速度之快，旁观者在旁边一个数字也看不清楚。整理完纸条之后，需要输入计算器算出每个订单的总数。机器操作员用左手拇指卷起一叠纸条，按下机器的按钮，计算出纸条的数量。人们发现，审查纸条最快最准确的女孩却不太会使用这台机器。把机器的显示器上的数字抄到档案卡上的时候，她们经常按错键。另一方面，一些优秀的机器操作员在审查纸条时却显得缓慢而不准确。我们还发现，女孩们在最初被安排的岗位上表现得比较差劲，但是当她们从这个工作岗位上调换到其他岗位时，她们通常能胜任，工作效率也很高。

121 这种例子数不胜数。这些大型企业的报告显示：如果企业努力的话，它们可以为每个有能力的员工找到合适的岗位。这些报告指出了一项最重要的因素，那就是，工作的成功取决于个人心理

特质，而这些心理特质不是单凭美好的意愿和培训就能获得的。鉴于这点，我们发现大多数企业并没有为员工寻求更适合自己的岗位。如果工人无法胜任现有的工作，他通常没有机会在同一家工厂展示自己的强项，甚至无法接受自己的失败带给自己的不良影响。如果他在质量或数量上达不到要求，那么他就会失去自己的工作。然后他就会去其他工厂碰碰运气，工人依旧不了解自己的心理特质以及心理特质和工作的特殊关系，他就会遇到和上一家工厂同样的状况。虽然大型企业需要不同种类的工人，企业也会进行有组织的轮岗，工人还是会被随机分配到一个恰好适合他自身心理特质的地方，而这种情况发生的概率非常低。我们需要创造各种条件来实现这种情况。如果个体在心理上不适合该岗位
并且无法胜任，那么他适合的岗位必须有空缺。并且，他自己也必 122
须喜欢这种类型的工作。最重要的是，他的领导必须能够意识到他的心理机能适合什么样的工作。一些模型制造工厂受先进的社会思想的影响，学徒制已经发展得非常成熟。例如，在通用电气公司的琳恩(Lynn)工厂，这种系统的努力正在进行，并显示出了公平的结果。但是该管理方案似乎缺乏计划性。尽管他们已经非常努力，但是仍然缺乏科学的心理学理论的指导。迄今为止，在大多数工厂里，绩效不佳的员工失去了工作。这种不幸的经历不仅没有让他在精神上得到满足，而且使他更加贫穷，因为他已经失去了工作的信心以及工作的乐趣。

在这种情况下，人力资源被无限地浪费，工作的乐趣荡然无存，经济产出也严重减少。的确，我们应该仔细审查工作中涉及的各种心理机能，没有什么比这项工作更重要了。仅仅根据生产出

来的产品对工业进行分类是没有价值的，因为一家小型的工业企
123 业就包含了许多基于不同的心理物理机能的职业。一台收割机由250个不同的部件组成，几乎每一部件都需要一系列制造过程。数以千计的不同种类的工人在同一家工厂里工作，每道加工程序都要求具有特定的最佳心理特质的工人来完成，即使他们中的许多人的技术还不太熟练。一家大型制造企业的经理最近才告诉我，该工厂的产品需要进行超过50万次的不同操作才能完成。另一方面，把一些相似的操作进行归类是非常合适的，这种归类是依据心理活动而不是站在工业技术的角度进行的。

另外，最好能与行业中有经验的人进行合作，从而更好地分析这些特殊的过程。从心理学的角度来看，在我收到的许多答复中，很多贡献了自己详尽的分析，对各种工业过程的研究做出了贡献。他们的答复既涉及最简单的活动，又有最复杂微妙的经济任务的
124 研究，而这其中不仅涉及劳动者的心理机能，甚至涉及管理者的心理机能。局外人只能看到特定职业的粗略的心理需求，只有精通这个行业才能察觉任务之间的微妙差异。我还可以举一个例子，就拿大家都知道的排版机来说，日常生活中我们经常会用到。在我印象中，排版速度取决于手指反应的灵敏度。然而，在实际工作过程中，管理者却发现，更重要的是要在排字之前就能记住大量的文字。手指敏捷的人会停下来看一眼手稿，记下要输入的词语，因此按键速度不是很快的人可能比手指敏捷的人排版更快。

因此，以下因素是彼此相关的。第一，管理者的实际经验；第二，有经验的心理学家在工业企业中的观察结果；第三，对成功和不成功的劳动者进行心理调查和实验调查的结果；第四，实验中的

正常变异。如果要具体地实现这样的方案，就必须对个体的心理 125
特质进行认真的区分，看看哪些特质是由公认的遗传因素决定的，哪些特质是由后天的环境比如教育和培训以及社会中好的或者坏的刺激因素所决定的。这些后天习得的特质可能已经变成了相对持久的心理倾向。这种转变是有可能的，我们可以通过严密的研究去界定这种转变的界限。我们必须考察个体的心理节律、注意力、情感、记忆、意志力、疲劳倾向、恢复能力、想象力、暗示性、主动性以及许多其他特点与特定经济目标之间的关系。

因为最近才开始类似的实验检验，所以无法对其他心理机能进行过多的强调。我关注的是使人们从培训中获益的个体能力差异。考虑到个体能力的变化，如果我们需要在某一个时间点对个体进行测试，我们的结果取决于三个因素：最初表现出的倾向、通过培训表现出的倾向、培训后实际达到的倾向。在给个体分配工作以完成特定任务时，要挑选那些容易通过重复的培训而获益的
个体而非通过培训仍然收效甚微的个体，尽管在第一阶段，前者的 126
表现可能没有后者好，但是对前者进行少量的前期培训要比对后者进行长期培训的效果好。初期他的工作绩效虽然较差，但只要经过一段时间的深入培训，他一定会超过其他人。我们已经开展了特殊的实验，把这种心理可塑性作为独立的先天特质加以识别。[①]

心理学涉足经济领域尚浅。在工商业领域，现在要想通过心

① F. L. 威尔斯，“实践与个体差异的关系”，载《美国心理学杂志》，1912 年，第 23 卷，第 75—88 页。

理测试来分配劳动力仍不现实。即使实验研究发展到了更高阶段，仍有许多因素阻碍实验的持续开展。至今，数以千计的社会和地方因素仍然影响着职业的选择。即使心理分析发展到一个更高阶段，这些因素仍然会发挥作用。另外，个人兴趣爱好仍然会并且应该成为个体经济活动的动因。这种爱好虽然能够给工作带来极
127 大的乐趣，但不一定会和使人在工作上获得成功的心理物理学中的倾向相吻合。近年来，针对一家德国纺织厂的研究[①]明确显示，技术高超、训练有素的纺织厂工人越是不喜欢他们的工作，在工作中越能展现自己的能力，而这种能力是通过工人计件工作而获得的工资来衡量的。工资和情感态度常常呈负相关。到目前为止，那些生产能力越强、收入越高的人有时越会痛恨自己的工作；那些技术一般的人挣的少，但是却更享受这份工作。因此，从事咨询工作的经济心理学家一开始会对那些不适合的人尽早提出警告。即使存在这些限制，他的建议对雇主和雇员双方都是有用的。除了负面的警告外，他还会针对工商业活动逐渐提出一些积极的建议。

当然，个人心理倾向可能使人们适合某种工作，但是他的次要人格特质也可能使他丧失成功的机会。雇员可能不诚实、散漫、嗜酒、善斗，或者身体欠佳，因此雇员能否成功地找到合适的工作，这
128 个责任不应该由心理学家来承担。最后，不能忽略的是，当我们努力使心理特质和工作相匹配时，我们从来没有考虑人格特质

① 伯内斯（M. Bernays），《杜格拉德巴赫大型纺织企业的封闭环境下工人的选择与适应》，莱比锡出版社，1910 年，第 337 页。

的极端变化情况。才华横溢的人知道不管怎样都能找到属于自己的一片天空，无能平庸的人则被拒之门外。在挑选合适的员工时，心理学是用来帮助剩下的五分之四的人的。只要将个体的心理方程式系统科学而又精确地运用于其人生发展规划中，他们成功的机会就可以提高。学校在这方面应该做出多少贡献？这是一个社会问题，我们应当从各个角度去思考。如果讨论这个问题，那将会超出我们目前调查的范围，但是真正能为职业指导提供帮助的心理学实验不应该仅仅局限于课堂，而且应该留给城市的某些特殊机构。

129

第十二章　个体与群体

为了给个人提供更好的职业选择，我们努力发掘个人的心理结构，但是这种心理结构并不一定包含对个性的直接分析，我们还得通过非直接的渠道获得一些重要资料，这一点，我们不能忽略。首先，通过了解个人所属的群体，调查这些群体的性格特征，我们可以间接地了解一个人的心理特质。人类差异的心理学研究不仅关注人与人之间的差异，还关注民族、国家、年龄、职业等不同而造成的心理差异。如果经济活动需要心理特质的组合，一旦我们发现个体属于符合所需心理特质的特定群体，我们就会想当然地认为他适合这份工作。当然，这是一种基于群体心理学的初判，因为即使在同一个群体中，个体的心理素质也是千差万别的，这种判断仅仅是解决问题的一种方式。某个人可能恰好处在该群体心理区域的边界，他身上的群体特质可能并未得到开发，在某个特定案例
130 中，这种特质甚至无法得到展现。比如我们发现某个国家的民众通常机警灵活，但其中的某个人却笨拙漠然。因此，要进行大批的雇用，而非雇用某个人才能使群体心理学为经济活动服务，因为一旦群体成员数量众多，群体的平均性格才能得到充分体现。

即使在这种情况下，初判的预设也应该是基于统计和实验得来的科学精确的平均特征，而不是基于表面印象得出的肤浅推断。

我发现，在大多数工厂里，对种族心理特质的主观臆断层出不穷。美国的一些工业中心为国别的比较研究提供了极为有利的条件。我走访过很多制造业企业，他们的工人绝大多数都是外国移民，分别来自于近 20 个不同的国家。负责招聘的人员很容易就开发出一套自己总结的“心理学理论”。基于这些“理论”，他们认为挑选 131
员工有着特殊的技巧，他们知道每个人适合什么样的部门。打个比方，他们可能会认为，对于某项工作来说，意大利人最适合，其次是爱尔兰人，再次是匈牙利人，最后是俄裔犹太人。了解了这些工厂的招聘秘诀之后，你会惊讶地发现另一家工厂对工人的划分和上面这些工厂完全不一样。在一家大型制造业公司有一个岗位需要良好视力，他们很确定地告诉我，瑞典工人是最佳人选；而就在同一条街道的另一家大型工厂里，对于同样的职位，他们却认为瑞典工人是不适合的。有时，这种分歧是由不同的观察视角导致的。在一个操作危险性比较高的工厂，厂方告诉我，他们从来不雇用南欧人，特别是意大利人和希腊人，因为他们粗心又急躁，他们更乐意雇用爱尔兰人。而在另一家工种相似的工厂里，招聘人员唯独对爱尔兰人怀有偏见，认为他们太喜欢冒险，而把自己置身于危险之中。 132
或许总体上来说，这两种心理学上的观察都是正确的，只是第一家工厂看到了问题的一个方面，而第二家工厂看到了问题的另外一个方面。我们应该进行更彻底的数据调查，尤其是调查不同国籍的工人的工资以及所完成的工作量的差距，这种调查能够为种族心理学提供言论基础。只有完成这些调查，才能进行心理学的实验研究。

在经济活动中，我们还要考虑性别心理差异。同样，目前我们也只能依赖群体心理学的一般理论来解决问题。只要测验个体心理状况的实验方法一日未被普及,工业决策就只能基于男女性别做一般性的心理分析。当然,把某些心理特质归为女性特征而非男性特征并不难,把这些特质和女性心理生理有机体中的某些基本倾向联系起来也不难。只要做到这一点,理论上就很容易得出以下结论:有些工业岗位对于女性的心理机能来说非常适合,而另
133 一些岗位则非常不适合。如果是大型的招聘,依据群体心理学,参照平均值进行决策就足够了。可以说,大多数工厂正是根据这种模糊的性别心理学,再根据工资进行判断,来决定男女雇员适合操作哪种机器。然而,与此同时,也不应该排除这样的特例:传统群体心理学数据是具有误导性的,某位女性员工的性格并不适合某个职位。因此,只有深入细致的分析个体心理,才能克服群体心理学带来的偏见。当然,当我们面对经济政策难题时,情况又另当别论。面对经济难题时,一些普遍性的经济政策,如殖民政策、移民政策、有关城乡社区的政策、有关沿海地区与山区的人口政策,这些普遍性的政策都是依据群体心理学制定的,参照的都是群体的平均水平,而非个体间的差别。

最后,研究人类特质的相关性心理学还提供了另外一个间接的方法,用以确定经济效率所需要的个体素质。我们已经看到,群体心理学认为,个体可能具备某种特质是因为个体属于某民族或
134 某知名群体,必然具备某些特质。相关性心理学(correlation psychology)认为,个体是否具有某些特质与其是否表现出其他特定素质有关。例如,商界人士往往认为个人特质与书写字迹相关。笔迹学家也相信弧线、花体字、用笔的力度、字体大小、英文字母"i"上面这一点的位置都与书写者的人格品质(quality of

personality)有着密切的关系。如果这些特质是某个岗位的基本要求,那么字迹就可以看作是招聘的依据。科学家不相信这些,他们有理由认为,笔迹学上的相关只是特例而已,但是他们也承认,字体的认真规范、工整有力以及其他类似的特征与个人的细心整洁、稳健活力有一定的关联。

然而,如今实验科学家不仅仅对这些征兆的相关性作出肤浅的论断,他们还通过实验和统计方法,获得了丰富的资料,这些资料确切地显示了有多大可能某些特质会结伴而生。理论上,我们 135
总是理所当然地认为那些同时出现而又同时消失的特质具有相同的心理根源,而实际上,他们却是作为两个独立的特质个体而出现的。因此,如果我们发现了其中一个特质,就可以推断另一个特质也必然存在。知道这一点是非常重要的,因为其中的一个特质可能很容易被探测到,而另一个特质则可能隐藏较深,只能通过长期精心的观测才能发现。因此招聘经理掌握这种关联性便很有必要了。一旦他发现了某种表征明显的特质,那么他就可以推论另一种特质也很有可能存在。例如,为了测量这种相关性,我们在哈佛大学实验室里研究了注意力的各种特点及它们之间的相互依存关系。[①] 结果发现,看起来相互独立的注意力特征之间存在着典型的关联性。比如,听觉注意力范围广的人,视觉注意范围也广;能够快速集中注意力的人,注意范围也广;注意力集中缓慢的人,则注意范围窄,如此等等。因此,无需进行进一步的测验,我们就可 136
以通过个体注意力在某一方面的表现,来推断其注意力其他方面

① H. C. 麦科马斯,“注意类型”,载《心理学评论专论》,1911 年,第 13 卷,第 3 页。

的相关特点。

根据对工业生活的观察，我确信注意力应该是工业效率的核心问题。特定的注意力比其他任何心理特质更能决定个体是否适合从事某项经济活动。还有一点极为重要，那就是注意力并无好坏之分，注意力是否集中并不是问题，一种注意力并不一定比另外一种注意力优秀，他们只是有差别而已。两个同样勤劳能干的工人，注意力不相上下，他们可能在各自的岗位上都不能有所建树，因为他们的注意力类型与岗位不匹配，然而一旦两人互换工作，他们都会变得高效起来，因为他们的注意力类型终于与岗位契合了。其中的一个人倾向于把注意力高度集中于中心区域，而外围区域的注意力则被抑制；而另外一个人擅长把注意力分配得很广，却难
137 以在某一点上长时间集中注意力。如果一项工业活动需要密切关注一个小杠杆或小滑轮，另一项则需要同时监管六台大机器，那么，现在需要做的就是使每个工人在他们各自对应的岗位上各司其职。不能武断地说，注意力范围广比注意力焦点集中更有价值，或者更没有价值。我们发现有一系列非常受欢迎的英文和德文的小册子，上面介绍各种职业的岗位描述和岗位需求，可供人们找工作使用，但是那上面从未描述过该职业最基本的心理机能是什么，比如需要哪种注意力、记忆力和意志力类型。这些小册子的形式都差不多，涉及心理层面的详细内容时，它仅仅是提及在学校、工作或行业中学习到的某种知识，或者在培训中获得的某种活动能力。在所有国家的职业指导书籍里，人们在某个心理条件或倾向方面展现出的个体差异都无一例外地被忽略了。如今，从国家制度和民族意识的角度来看，填补这个空白的时机已经到来了。

第二篇　最出色的工作

第十三章　学习与培训 141

我们已经论述了心理技术学服务于经济目标所带来的好处。因此，我们要从各种经济目标出发，摸索前进，寻找达到这些目标的方式。就此意义而言，到目前为止，我们所有的研究都服从于一个目标，这个目标本是经济社会中最基本的目标，却常常被忽略。这个摆在我们面前的目标就是，要找出最适合于每一种经济活动的人格特征，这既符合经济利益，也有利于个人的发展。基于这种观点，个体的特质对我们来说就成了决定性的心理因素。我们需要实验心理学提供科学的方法，用以确定个体差异以及这些差异与工业效率之间的关系。我们希望在未来，能够利用科学手段促成这一目标的实现。否则，研究方法依然会像过去一样随意、不科 142
学。但无论是哪种情况，经济社会终将面临第二个目标，即确保每个人都能在自己的岗位上做出最出色的工作。事实上，即便第一个目标还没有实现，国家也不能忽视第二个目标。甚至可以说，在第一个目标还没有完全实现的情况下，第二个目标就显得尤为重要。如果经济社会中的每一个岗位都由适合该岗位心理特质的人来占据，那么对于每个人而言，实现高效工作就会容易很多。但就目前的情况来说，有很多人与现有岗位不匹配，这使得我们迫切需要找到提高工作效率的方法。

但是必须承认，“最出色的工作”这个问题并不像最合适的人选那样容易界定。一方面，对于什么样的工作才是最出色的，从不同的立场和角度来说，就有很多不同的答案。资本主义的、寻求利益的利己主义者可能会考虑工作速度要快，而如果考虑到质量的话，那最精湛的技艺则是唯一要达到的目标。另一方面，社会改革家认为，最出色的工作是最大和最好的工作产出、最大程度地节省
143 机体与个体人格的充分发展的完美结合。从一开始我们就强调，实验心理学家无权就社会文明问题给出定论。他所要做的只是从社会中接受经济任务，并且在目标确定的前提下，提供公正的服务。他不选择目标，而是在确定有价值的目标后，选择实施方式。作为一名心理学家，他无权参与不同党派之间的斗争。好在我们发现了一片广阔的空间，这里没有社会派系的纠纷与冲突。虽然不计后果的资本主义与多愁善感的感伤主义都试图拓展或压缩这片空间，但总的来说，一个勤奋工作的充满活力的健康民族，对有效劳动的经济要求总体上是一致的。

历史的经验告诉我们，如果没有一定的阻力，工作条件的巨大改变就不可能被载入人类文明史册。这种巨大的改变，虽然从整个国家的角度来说，无疑是一种改善和进步，但也肯定会引起一些
144 人的质疑和反对。当工厂制度被引进的时候，就出现了许多不满情绪。因此，当我们引进心理学方法改进工作方法时，产生一些不满情绪是再自然不过的事情了。这是由于改进工作方法之后，过去需要许多工人的工作，现在只需要一小部分工人就可以完成了，一些工人会因此而失业。但是，纵观整个经济史，我们就会发现，从社会进步的角度来说，这种骚动只是昙花一现。如果心理学家

从根本上成功地改善了劳动条件，就会提高个体的工作效率，从而使经济生活更加富有活力、朝气蓬勃，最终导致对于劳动力需求的增加。不能因为最初解雇了一些工人，就停止前进的步伐，无视心理学对经济长远发展的贡献。心理技术学不是为政党服务的，而是为人类文明的发展服务的。

在刚开始的时候，我们可以按照惯例，从劳动形式入手，深入车间或工厂、田间或矿山、商店或办公室，获取第一手的信息。那 145
么到后来，怎样才能通过心理实验找到学习实践技能的最快、最好的方法呢？在经济活动中，有成百上千种关于技能的教学和学习方法。显然，在这些方法中，肯定有一种教学方法是最快、最可靠的，其中有一些教学方法的效果一定更好，但是整体上来说，关于体力工作的教学方法是很随意的。的确，不难看出，尽管教学方法不同，教给工人或工匠的复杂的工作步骤却是相同的。结果是他们进行了各种局部运动不同人有不同的工作顺序、不同的辅助动作、不同的位置和节奏，还有不同的侧重点。这些都是因为他们不但师从不同的老师，而且缺乏一个规范统一、标准明确的教学方法。与教学过程相比，技能学习过程的随意性就更大了，甚至往往是随机的。初学者往往抱着试试看的心态，对偶然性寄予厚望。146
结果是浪费了大量的精力，培训结果却往往是收效甚微，甚至适得其反。

早期学校里的课堂学习就是以这样的方式进行的。任何一个能读、会写、懂得计算的人都觉得自己能够胜任教师一职，可以将自己的知识灌输给孩子们。学校并没有采用经过科学检验的、重视心理过程的阅读和写作方法；学校也没有对教学方法进行对比研究，得出确切的结论。在过去的几十年中，许多开明的进步学校已经开始引进心理科学的方法，打造了全新的教学基础。教育心理学的实验研究已经厘清了儿童对于各种不同的教学方法做出的有意识的反应，并且由此建立了一个系统有效的学习体制。原来那些心血来潮的、肤浅的方法已经转换为相对明确、统一的标准。例如，像用字母表法教阅读的老式做派已经被现代学校淘汰了。很显然，这种为了读单词而先学字母名的方法，不仅费时费力，还
147 会对以后的大量阅读造成干扰。因为在读词的时候我们并不去看字母名，只是字母的发音才会抑制整个单词的读音。如果说工业活动中的技能习得仍停留在用字母表法来教阅读的水平上，则一点也不为过，因为真正的问题在于，在工业活动中，从来没有用实验心理学方法对工业活动进行系统的心理研究。

教学实验清楚地表明，主观上感到更快或更容易的学习方法是不完全可取的，甚至是具有误导性的。如果我们的任务是记住一页纸上的内容，那么我们可能采取几种不同的方法：我们可以每次学一小部分，每几个单词就进行重复朗读，或者我们可以每次都朗读整个段落；我们可以一遍又一遍地重复朗读整个背诵材料，或者可以在重复几遍后，多休息一会；我们可以不断地抽查自己的背诵，并找人监督自己；我们可以把注意力放在词语的意义上，或者也可以把注意力全部放在发音上，或者记忆词语的变形。实验表明，在以上提到的两种不同的学习方法中，一种看起来更好、更合
148 适的方法，甚至可以说更简便、更舒服的方法，在实际结果中效率往往比另一种方法低。心理学界曾用无意义音节作为实验材料，对学习方法进行了成功的研究，逐步确定了增强记忆力的最可靠

方法。而在有了这样的科学定论之后，教师仍然选择跟着自己的直觉走，随心所欲地决定哪种方法适合自己的学生，这就会酿成大错。我们应当始终坚持最佳方法，经济心理学也应当朝着同样的目标努力。我们应当清楚地明白学习一组动作最有效的方法，明白学习过程中各个要素的重要性，如重复、暂停、模仿、动作的特定组合、部分动作的练习、工作节奏以及其他相似的影响学习过程的因素，在其中起着什么作用。

心理物理学家经常拿最简单的重复运动来做实验。实验心理学的奠基人费希纳(Fechner)为了研究疲劳，就曾进行过举哑铃的实验。在那之后，实验室开始用测力器来记录肌肉活动，这种设备 149
可以很容易地将手臂和手指的活动显示在转筒的烟熏表面，这样的图形记录可以很精确地显示举哑铃时的细微变化，比如神经冲动和精神疲劳的增减。在这一过程中，我们感兴趣的不是机械的肌肉活动，而是伴随着的心理活动。实验结果证明，举哑铃这个活动更多地是对大脑中枢机制的训练，而不仅仅是对周边肌肉的锻炼。这些实验的进一步发展很快引出了更复杂的问题，这些问题不仅仅关于肌肉运动的变化，还涉及特殊动作群的学习，以及这些动作精确性和可靠性的影响等。在这其中，纯粹的心理因素，比如意志冲动，尤其是任务意识占据十分重要的位置。一位才华横溢的政治经济学家①深入讨论了科学家们所进行的一些实验(关于培训的影响、重复机制和动作的自动化的实验)，并借此对工业中

① 马克斯·韦伯，“论工业劳动的心理物理学”，《社会科学和社会政策文库》，1908年和1909年，第27和28卷。

150 某些实际问题进行了解释。但到目前为止,这种心理实验还没有真正影响到工厂的运作情况。

心理学家也从实验角度去研究培训对实际工业任务的影响,类似的实验室研究有电报的发送和打字等等。例如,我们曾进行过关于收发电报的学习过程的实验[①],详细考察了通过打字发送电报和用耳朵接收电报的过程。电报的发送是通过敲击键盘来进行的,接收则是藉由耳朵来实现的。我们发现,在学习过程中,电报的发送速度比接收速度增幅更为明显,后者的上升速度更慢、更不规则,但是到最后,接收的速度比发送速度要更高。记录发送速度的曲线显示,随着训练持续、稳定地进行,速度呈上升趋势;而在接收曲线中,我们发现,训练开始不久,速度就进入了停滞状态,在下一个阶段也出现了停滞。心理分析表明,电报接收速度的提升依赖一个复杂的心理习惯系统。接收曲线的停滞说明最初的习惯
151 养成阶段已经彻底完成,但还不足以形成自动化的习惯,所以注意力还未准备就绪,不能完成更高级的指令。最基础的阶段是学习单个字母,然后是音节和单词。被试达到这个阶段就会出现停滞,因为他必须掌握更多的新单词,才能使他的电报词汇得到足够的扩展,他才能有意识地把接收到的单词快速转换成词组。经过几个月的训练,这种新习惯达到了自动化,他才能到达一个新阶段,即他接收到的就是以发送电报为目的的一个一个的词组。随后一段时间,对词组有了熟练的掌握,电报发送速度有了飞速提升。然后就进入了一个长达数年的停滞期,只有经过数年的积累才能突

① 布莱恩·哈特,"关于电报语言的研究",载《心理学评论》,第4卷。

然产生质的飞跃。此时，他不再把注意力集中于一个一个的词组，而是能立刻理解整个句子，同时进入一个完全自动化的状态。

另外，我们还做了一个示范性实验，研究打字员打字时的心理状况。①通过在打字机和在转鼓上记录个体敲击动作的杠杆系统之间建立的电动联系，我们就可以记录下每一次键盘敲击所用的 152
时间，继而测量完成一个单词、一行话所需要的确切时间。同时，我们还记录了被试每次阅读任务材料的时间。我们发现，最开始，初学者采取的方法很烦琐，然后对烦琐方法进行不断的简化，这构成了整个学习过程。记录显示，被试在这一阶段有序地减少不适宜的动作、选择动作、对动作进行重组，最后对自己的心理物理动作进行组合，从而获得更好的水平。同样，这里的学习曲线也是起初上升很快，然后增幅逐渐减缓。当然，在能力提高的过程中，也能够看到正常的波动。在这些不规律的停滞阶段，被试没有取得任何进步，这段时期也成为"高原期"，它处于上升阶段的尾声和下一个上升阶段的开端之间，会持续一个月甚至更久。最初，被试只能在单一的字母与相应的按键位置之间建立初步联系，很快整个音节或者整个单词的视觉印象和敲击键盘所需的手指动作之间的联系就建立起来了。而随着能力的增长，这些高级别的无意识的心理冲动就会变得更加自动化。研究表明，在低级别习惯还未完 153
全形成之前，高级别习惯就已经开始形成了。

对员工进行的普通培训会对员工从事其他工种的工作有所裨益。在进行专门培训时，需要同时对员工进行什么样的普通培训？

① W. F. 布克，《技能心理学》，蒙大拿大学，心理学丛刊，1910年。

对于这个问题而言,工业技术领域还未开展研究。在这里,我们还是完全依赖于教学领域里的一些实践经验,以及一些统计数据,比如纺织行业的统计数据。在心理技术学为工业领域提供可靠的教学及学习建议之前,需要对每个独立的仪器和机器群进行耐心的调查研究。另外,我们也不能仓促地把一组动作上的结果移植到另一组动作上。不同动作即使在技术上貌似有某些相似之处,在心理物理条件上却有着本质的区别。正如上述两个例子,发电报和打字两个任务的主要因素相同,目的都是尽快地用手指打字传递信号,但毫无疑问,两者从初级阶段到最高级阶段的能力发展过程却有很大的不同,因为发电报的所有动作是用同一根手指来完
154 成,而打字则需要十指的有效协作才能完成。不过至少有一点可以肯定,学习并不仅仅是由机械的重复运动推动的。无论是在车间学习使用简单工具,在工厂里学习机器的简单操作,还是学习精巧乐器的复杂演奏,莫不如此。在学习过程中,最重要的因素就是对于神经冲动的组织。通过这种组织,一开始复杂的行为简化了,然后变得机械化。最后进入一个高级阶段,在这个阶段,动作反应都服从于一个单一的心理冲动。未来的经济心理实验室会针对每一种特定的技术,研究在心理物理学上组织神经冲动的最可靠、最有效的方法。只有这样,才能结束由于采用随意的方法所产生的对体能的巨大浪费。在工业领域,还有一个我们很少考虑的问题,那就是习得的多种技术之间的相互干扰问题。若两个系列的培训在初始阶段的内容是相同的,其中一个系列的动作培训已经熟练完成了,如果开始另一个系列,那么第一个系列的动作会不会被淡

化？为了研究这个和学习有关的心理物理学问题，我以日常生活 155
习惯的变化为内容，进行了长时间的实验。在实验中，我想知道如果一个习惯的心理倾向是之前已经获得的，并且存在于心理物理系统之中，那么另一个和特定感官刺激相联系的习惯是否会自动运行。举例来说，我习惯于将手表放在背心左侧口袋中，某周，我专门将其放在裤子的右侧口袋里，并记录下这周我不自觉地将手伸向背心左侧口袋的次数。过了一段时间，从裤子的右口袋掏手表的动作变得完全自动化了。当这成为一种固定习惯后，我又将手表放回背心的左侧口袋，并记录当我需要看手表时，将手伸向裤子的右口袋摸索的次数。而当我再次习惯于向背心的左侧口袋掏手表时，我又把手表挪回裤子的右口袋，如此循环往复，一形成习惯就立马换位置。这个小实验的结果和我进行的其他类似的实验一样，表明建立起新习惯后，旧习惯的影响依然存在。随着一次次
的改变习惯，犯的错误变得越来越少，最后演变成两种习惯均衡发 156
展，并行不悖。当我把手表放到新的位置时，手再也不会伸错地方了。[①]

最近，针对这一问题，哥伦比亚大学进行了一项很有价值的研究。[②] 实验中，被试同时养成了各种彼此会产生相互干扰的习惯，比如打字和分拣卡片的习惯。经过认真研究，实验结果显示，当交替进行这两个相反的动作时，它们之间出现了相互干扰效应。但是随着动作练习的持续进行，两个动作之间的干扰效应会越来越

① 闵斯特贝格，《实验心理学的贡献》，1892 年，第 4 册。
② A. J. 卡勒，“干扰与适应性”，载《心理学档案》，1912 年。

小。当这两个相反的动作都达到了自动化的水平时，干扰效应就被克服掉了。此时，每种动作都可以完全自动化地独立完成，而不受另外一种动作的干扰。研究的许多细节表明，对于想从工业效率的提高中获取实际收益的人来说，这种干扰现象应该引起足够的重视。

最后，在研究技术学习的实验中，我们不能忽视很多其他因素发挥的负面影响，它们可能会加速或推迟、帮助或干扰工业技能的
157 学习过程。例如，我们在哈佛大学实验室进行了一项调查，研究情感因素对掌握、协调新动作的速度的影响。[①] 为了获得大量的对比资料，我们要求被试掌握一个简单的技巧，即把 52 张扑克牌分别分配到 52 个盒子中去，盒子上用标签标明每次分配所要求的扑克牌的排列组合。与此同时，我们一方面观察舒适或不舒适这一情感因素对新习惯的习得的影响。在外部条件（如令人愉快的或不愉快的声音、气味等）的影响下，人们产生不同的情感状态。另一方面，我们调查学习过程中产生的情绪的影响，如进步时产生的满足感，或者在活动过程中产生的失望、不适、厌恶及高兴等情感
158 因素的影响。

① 实验正在进行中，日后将由 L. W. 克莱恩先生公布详情。

第十四章　心理状态的技术调整 158

教与学只是初步问题。技能的习得可能是通过周围经济环境的耳濡目染，也可能是接受教育培训的结果。那么核心问题就是：这两种类型的人群，人们是如何完成自己的工作的？怎样才能消除所有降低效率的因素的影响，并且怎样强化这种效果？显而易见，外部的技术条件、工作活动本身的变化、以及心理动机(motive)与心理反动机(counter-motive)之间的相互作用都可以消除降低效率的因素。乍看起来，只有最后一种因素才属于心理学的范畴，但实际上，以机器为重要组成部分的技术条件和身体动作都与心理活动有着千丝万缕的联系。正是这些联系的普遍存在才赋予了心理学家研究这些问题的理由。仅仅技术方面的物理和经济因素并不能唤起心理学家的兴趣，但是，当技术影响着心理物理方面的成就(psychophysical achievement)时，心理学家就可以发挥作用了，因此，心理学家的工作对整个结果起着至关重要的作 159
用。科学管理运动已经在技术、生理和纯心理方面做好了铺垫。科学管理工程师认为，工业过程的每个部分都是非常重要的，哪怕是看起来最琐碎的活动，肢体的一举一动都应当予以精确的测量。以秒为单位，用秒表对每一个动作进行测量，已经成为这个新经济时代的标志。只要心理实验还没有普遍应用于工业心理学，为科学管理进行的实践性实验就是解决心理技术问题的最好尝试。

大体来说，我们可以从工作的物理技术条件及其与心理的关系开始着手。技术史的每一页上，都记载着外在劳动条件适应人
160 类心理生理需求的实际案例。人类使用的机器也必须在一定程度上适应人类的神经和肌肉系统，适应人类的知觉、注意、记忆、感觉和意志，否则在技术的发展过程中机器也会惨遭淘汰。不断改进的工业技术也必须始终遵循这一原则。每一次改变只要能让工人用更少的努力去换来同样的效果，或者用同样的努力去换取更好的效果，都会使经济的发展如虎添翼，并受到市场的欢迎。举个例子，综观整个工业史的发展趋势，就是把花很大体力的活动转换成花较小体力的活动。只需小臂就可以完成的工作却用强壮的肩部肌肉完成，只需动动手指就能完成的工作却需要调动小臂的肌肉，所有这样的活动都是心理物理能量的浪费，这是因为只有心理物理方面的极度兴奋才能使中枢神经系统调动大肌肉进行工作。在人类发展史上，对各类肌肉群的不同刺激对于工作分工起着至关
161 重要的作用。[①]基于心理物理方面的原因，肌肉发达的工人没有进行更加精细的肌肉锻炼训练。所以，在原始社会中，肌肉强健的男性被指派去打猎和战斗，而部落内的家庭事务则交给肌肉纤小的女性来打理。机器的发展史展示了经济活动的趋势，那就是要让经济活动依赖于调动最小的心理物理方面能量的肌肉群。这不仅是因为刺激小肌肉群只需调动较小的力气，从而更加经济，还因为在同等条件下，对于大块肌肉群而言，中枢兴奋的心理后效带来的

① 阿道夫·格尔森，“分工的生理学基础”，载《社会科学学报》，1907 年。

抑制作用要比大脑兴奋的心理后效带来的抑制作用小得多。

但是，我们绝不能忽视技术发展的另一特征。人类不断改造机器，使其能够最大限度地完成与人类肢体的协作。生理器官的组织结构和神经系统的心理状态可以确保人类将动作指令自动传达给运动神经，无需额外的努力就可以产生辅助的动作。如果机 162
器也按照这样的方式构造，那么人类就必须有意识地抑制这些自发的辅助动作。因为这一方面意味着心理物理能量的浪费，另一方面也占用人力去抑制这种自发的辅助动作。工业的发展既要求提高运动的动力，又要求避免过多的操作控制。实际上，机器不断向着适应人体自然的生理状态的方向进行调整。最终会发展到这样一个水平，经济活动中的机器设备能够按照人体肌肉的要求进行节律性的运动。节律性活动可以节省心理物理能量，而这种能量的节省伴随着整个文明史的发展。所有节律性运动都是不需要心理物理的重复刺激就能持续进行的重复运动。也就是说，在节律性活动中，一次刺激能产生下一次刺激，继而产生下下次、下下下次刺激，以此类推。这中间不存在抑制作用，仅靠每次刺激的残余就能产生新的刺激。机器的发展史表明，早在几百年前的作坊里，新技术的发展就被认为对劳动分工具有深远意义。而且，早在 163
机器出现之前，新技术的发展就是为了更符合有机体的心理物理需要，而将劳动节律化。在机器时代的最初时期，就经常出现机器模仿人类有节律活动的事例。① 但是，近来的机器改进往往破坏了人类动作的原始节律，尤其是在电动机器时代，动作变得越来越

① 卡尔布彻，《工作与节奏》，第四版，莱比锡，1909 年，第 438 页。

快，与人类主观上的节律变化完全不吻合。此外，以往水平和垂直的节律运动也逐渐因为物理原因而被统一的环形运动所代替。但是，即使是再高级的机器，也需要人来控制，比如，它需要人来供应原料，这又使得机器向人类肌肉的节律性调整产生了可能。虽然没有系统的心理学调查，但我们可以认为，技术设备的发展一直受人类的心理需要控制。但是，心理动机一直存在于人类文明的潜
164 意识中，这是一个决定性的因素。人类一直有意识地改造机器，但这种改造能否获得成功，要视机器适应工人心理状况的程度而定。科学管理和实验心理学界的新运动也旨在将这种改造和调整绘入工业蓝图，并系统地测验和研究哪些技术能最好地适应人的心理物理状态。

熟悉科学管理成果的人一定还记得这个观点，即高水平的复杂程序绝不是问题的关键。在那些技术成熟并且积累了几百年工作经验的领域，往往最容易取得出人意料的成功。最著名的案例就是砖瓦匠的案例，科学管理运动的领袖已经对它的每个细节进行了细致的研究。[①] 他们对建筑工人及其使用工具的活动进行了科学严谨的研究，并从心理学和生理学的视角重新调整了建筑工人的动作以及使用工具的动作。采用旧方法的话，工作需要由100 人来完成。但是采用了新的工作方法，30 名砖瓦匠就可以完
165 成之前的工作，并且不会感到非常疲惫。虽然工匠的工资稳步增长，但建造楼房的总成本却缩减至不到原来的一半。为了达到这个目的，砖瓦匠砌的砖应该放多高、砖瓦匠应该砌多高的墙，以及

① G. 弗兰克・吉尔布雷思，《动作研究》，纽约，1911 年。

每次应该递给砖瓦匠的砖块数量都应该经过准确的计算。应该研究砖瓦匠使用的瓦刀的构造、砂浆的用法以及砖块是怎样递给砖匠的。简而言之,所有那些传统的、随意的以及看起来最经济有效的工作方法是建立在多年的经验基础之上的,但是现在被全新的工作方法和工具所取代,不再受随机因素的影响了。在这些变革中,并不需要任何新发明,或者提出物理学或经济学的新观点,而是使机器更适应工匠的心理状态而已。新的工作方法对必要的肢体动作进行了更好的组织,减少了疲劳,提高了辅助动作的成效,减少了工作约束,更有助于工匠心理能量的发挥。

科学管理的学习者们还涉足较低层次的经济活动。铁铲是一 166
件再普通不过的生产工具了。然而在大型企业中,用铁铲铲煤或泥土仍是经济上一个非常重要的因素。在科学管理非常发达的今天,似乎仍然没有人认真研究过产生最大可能的经济效益的技术条件。近来,终于有位学者致力于这项研究,在实验室中仔细研究了"铲"这一行为。科学管理运动的一位杰出发起人在伯利恒钢铁厂进行了一些研究[①],他发现,钢铁厂的数百名工人每天需要铲走很沉的铁矿石和很轻的灰烬,工人们的那种没有招式的铲法导致了惊人的浪费。有时,工人的负荷过重,容易疲劳,动作就会变得缓慢;而有时铲起的灰烬又过轻,工人的精力并没有得到充分利用,在这两种情况下,每天最终的工作成果并不符合经济原则。随后,通过分级实验,测试了一名强壮的工人要达到最理想的效果需要承担多大负荷。实验的目的在于考察:在合理安排休息、不产生

① 泰勒,《科学管理原理》,纽约,1911年,第71页。

过度疲劳的前提下，要想保证生产最大化，工人所能够承受的最大
167 负荷。重量负荷确定之后，就要为每一种原料设计相对应的铁铲了。现在工人们要用 10 种不同类型的铁铲进行操作，确保每种铁铲在铲对应的原料时，工作的重量负荷都会保持在 21 磅左右。接下来，研究者又对铲料时的最佳速度、动作幅度和休息安排等进行了精确的测算。最后，原本需要 500 余人完成的工作任务现在只需要 140 名工人就可以完成了。之前每名工人平均铲料 16 吨，现在每人能够铲料 59 吨，而且不会过度疲劳。虽然工人的工资上升了三分之二，但即便是把改进工具的成本和科学管理者的报酬计算在内，铲料时所用的单位成本仍然降低了一半。

经真正的专家推荐，那些最简单、看起来最不起眼的工具和方法与工人的心理物理达到了更好的契合，任何参观这家工厂的人都会惊讶于这样的结果。人们已经习惯于技术专家对复杂的机器
168 性能的逐步改进。如果这种改进是基于心理的原因，而不是基于通常的物理原因，人们就几乎注意不到。然而，令人惊讶的是，即使是最简单、最不起眼的机器设备，只要从心理学的角度进行认真改进，都能带来效率的大幅度提高。这着实让人非常惊讶。有时，只需要对窗户或灯泡稍加改动，就能使工作时的光线更加宜人；有时，只需简单的采用锤子、刀或桌子，就能完成一系列的长期实验。通常，提高效率的工作安排会违背工人的意愿，改变他们所熟悉的工作环境，给他们带来困扰，因而他们会持怀疑的态度。在一家公司我听说，科学管理者认为所有女工工作座椅的高度太低，因此工人们在操作仪器的时候，手臂抬起的高度会对她们造成心理和身体上的不适。所有人都强烈反对引进高一些的工作座椅。结果是

管理者趁着工厂没人，每天晚上将这些工作座椅升高几毫米，并且不告诉女工。几个星期以后，这些工作座椅都达到了合适的高度，169 然而那些女工却全然不觉。最终，工作效率得到了大幅度的提高。

当然，心理学实验室应当通过系统的实验方法为工具和仪器的最优化设计提供依据。这种心理学研究的精妙远远超出科学管理运动所能达到的水平。例如，如果想让工人在不同地点观察干扰机器的因素，就可以进行注意力的精密试验判断如何在空间上实现仪器的最优分布。只有通过实验室实验，我们才能找出机器的最佳速度，找出对大脑刺激最为敏感的肌肉群。机器的建造应当依据这些心理学实验的结果来进行。例如，哪些手指在键盘上更灵活？为了解决某个实际问题，我们曾在哈佛实验室对此进行了研究。[①] 如果十指中的任意两指可以在十秒之内在键盘上进行最快的操作，就像嗓子发颤音那样颤动，这个实验就可以精确地考察不同手指组合的不同速度，以及不同个体在打字时的不同反应。170 我们利用电子设备，以百分之一秒为单位记录手指的速度，研究了双手与单手的手指动作，并据此来调整机器上的按键，使它们分布在最合适的位置上。

当我们考察各种不同种类的机器与不同的心理类型之间的关系时，是从另外一个方面来探究这类问题的。比如，心理学家曾研究了各种不同种类的打字机。[②] 从纯商业角度来说，如果某种打字机人人都用着顺手，那会是备受欢迎的。事实上，由于心理倾向

---

① 实验正在进行中，日后将由 E. R. 里森先生公布详情。

② R. 哈尔贝兹，“机器写作的心理学”，载《应用心理学》第 2 卷，1908 年，第 551 页。

不同,某个人使用起来舒服顺手的机器可能并不适合于另一个人。这个人可能用这种打字机打字速度快一些,而另一个人却用另一种打字机的速度更快一些。众所周知,打字机的主要区别在键盘设计和打字时的可视化程度。雷明顿(Remington)打字机配有一个切换(shift)键,用以控制字母的大小写输入;其他类型的打字机,如奥利弗(Oliver)打字机则配有两个切换按键,一个控制字母的大小写,一个控制数字输入。另外,如史密斯首相(Smith
171 Premier)之类的打字机采用双键盘,没有设置切换键。很明显,无论是切换键的安排,还是双键盘的设计,都有它们各自独特的心理优势。

只有单一字母表的单键盘打字机对视觉记忆要求较低,并且只需要少量的自动化意识。但是,与单键盘伴随而至的切换键转换,不仅浪费时间,从心理学的角度来说,它还强势地切断了一条完整的神经冲动链。实验表明,如果在1分钟内用最快的速度交替输入大小写字母,双键盘打字机输入的字母数量是单键盘打字机(有切换键)的三倍。因此,这两种系统都有相应的心理优势与劣势。如果学过如何打字,具有良好的视觉加工能力或技能高度自动化的人会喜欢双键盘打字机,那些易被干扰的人更是如此。而那些视觉加工能力较弱以及技能自动化水平低的人使用单键盘
172 打字机会更有效率,对于那些神经系统不会因为干扰而受到妨害的人而言,频繁地按切换键不会对他们造成太大的影响。

同样,对某些人来说,输入的可视化对于打字速度来说是非常重要的,但对于那些视觉依赖较少的人来说,输入的可视化就可能成为快速打字的一种干扰,使他们分心。输入的可视化吸引了他

们的注意力，他们的意识不自觉地集中在输入的内容上，而不是即将打出的内容。打字者自己往往注意不到可视化带来的这种障碍。相反，公众总是倾向于选择有可视化输入功能的打字机，因为人们本能地认为，就像用钢笔书写时我们能顺着笔势一气呵成一样，有了眼睛的配合，打字会更加方便快捷。然而打字和用笔书写并不一样，用钢笔书写时，字母是在我们的注视下一点一点地产生的，而用机器打字时，在整个输入动作完成之前，我们是看不到字母的。由于人们存在这样的误解，很多人选择了可视化输入的打 173
字机。如果人们不去注视机器上已经打出的字母，他们的全部注意力会放在接下来要打的字母上，因而打字速度可能会更快。

这一点涉及机器和整个技术工作的另外一个心理学层面，即它们与感觉印象(impressions of the senses)之间的关系。心理学实验室的动力发生实验已经证明感觉印象(sense-impressions)会带给意志脉冲(will-impluse)多方面的影响。测量个体握拳时肌肉收缩程度的实验发现，最大压力值可能会因个体看到的色彩、听到的音调以及噪音干扰等有所不同，但迄今为止，还没有任何系统的实验研究把这些与技术工人工作时受到的感官刺激联系起来，而工人对这种影响的主观判断并不足取。举例来说，工人们通常认为，自己已经习惯了的噪音不会对自己的工作形成干扰，但实验 174
证明结果恰恰相反。同样，工人们也许认为窗户的颜色无关紧要，但也有研究证明这会大大影响他们的工作效率。工厂里的很多行为都是由特定的视觉、听觉或触觉信号引起的，当工人或工程师们能够明确地感知这些信号时，就会感觉比较自然愉悦。然而，心理实验室的实验表明，信号的心理物理影响完全取决于信号的特性，光线稍强一点、变化稍快一点、音调稍高一点、照亮的面积稍大一点、噪音稍大一点、触碰稍重一点，都可能引起完全不同的反应。

通过测量动作完成的时间，我们通常可以直接观察到，机器的技术操作流程是如何影响和控制个体的精神冲动系统的。例如，我曾在工厂里观察一台机器的操作，这台机器的大多数操作都是自动化的。这台机器会在小金属板上凿出细槽，每一台机器前都有一位年轻的工人，他需要从机器的左边和右边的金属堆里分别取出金属片，把它们放在机器里，利用控制杆调动铁锤工作，在金
175 属片上凿出锯齿边，最后再取出凿过边的金属片。这项工序的速度取决于工人的操作速度，因为工人决定自己什么时候扳动控制杆，锤子什么时候工作。这项工序包含 9 个独立的动作，前 5 个准备动作不需要操作机器。我发现，最快的工人能够保持连续数小时的高效，只用 4 至 4.5 秒就可以完成全部 9 个动作，但对于动作时间的测量结果表明，即使是最快的工人，在最开始的 5 个动作中也相对缓慢，然后在最后 4 个动作中，随着机器的运转，他们的动作快得惊人，锤子飞快地敲击着金属板，发出响亮刺耳的劈啪声。由此可见，锤子的使用激发了年轻工人的活力，使他们不自觉地提高了效率，而仅凭个人的主观努力是无法达到这种状态的。

刺激物是简单的还是复杂的，这往往能起到决定性作用。这种现象在那些最基本的反应中尤其如此，比如许多工作中都包含的计数工作。我通过实验室的实验发现[①]，数值的单位越复杂，计

① C. I. 沃恩，“电机功率的复杂性”，载《哈佛心理学研究》第 2 卷，1906 年，第 527 页。

数所需要的时间就越长。这些单位内在的多样性会延迟眼睛从一 176
个数值移动到另一个数值的速度,在心理上产生某种抑制。这种复杂的印象会抑制大脑的速度,从而无法快速阅读下一个数字。在工业中,如果需要同样的心理效果(即大脑的速度不被抑制),应当尽量维持同样的外部技术条件。由于外部的技术条件会影响个体的意识,所以只有保持技术条件不变,才能在刺激物和动作之间建立起稳固的联系。但技术往往达不到这种要求。举个典型的例子,火车工程师需要观察不同的信号。白天,臂板信号机的臂板会分别呈水平、倾斜或垂直状来发出信号,预示轨道是否安全。晚上,工程师需要分辨信号灯的不同颜色来判断轨道是否安全。从心理学的角度来说,如果能够在信号和动作之间建立稳定的联系,火车行驶的安全性就会得到提高。因此,如果在晚上放弃彩色信
号灯,选择水平、倾斜或垂直的白色光束或者一排亮点就可以了。 177
心理学家成功地进行了许多类似的实验,以解决铁路行业出现的这种问题。[①]

在交通领域、工厂工作和复杂的行业中,大型企业对这些问题抱有一定的兴趣,但这不足以让我们忽略这样一个事实:原则上,同样的问题在简单的工业活动中也存在。哪怕是对于家庭主妇或厨师而言,如果他们每天从事的家务劳动不适应其心理状况,那也会导致时间的浪费和经济价值的损失。他们付出的劳动毫无成效,浪费了自己的心血,却幻想着自己正在节约资源。即使在厨

① G. M. 斯特拉顿,“感知运动、颜色和方向灯的一些实验”,载《心理学评论专论》第 10 卷,1908 年。

房、餐具室、洗衣房、地窖之类的地方，科学管理也有用武之地。虽然这些地方节省的精力不像工厂预算那样计算得非常精确，却可以无限放大，最终节省的精力和价值将会是巨大的。如今，已经有大量的小型自动化设备可以帮助人类完成日常家务，这些设备很有吸引力，也能够减少人们的负担，但是大部分的日常家务工作仍
178 然与心理状况不匹配。这种情形就像上述实验中的砖瓦匠一样，数百年来重复着相同的工作，直到引入系统的时间测量研究以后，才真正实现了工作活动与心理状况的契合。如果制造商销售的产品有明显的优势，能够让家庭主妇减轻家务负担，那么他销售的改良后的锅具、多功能汤匙、扫帚就一定能取得成功。然而，科学管理的发展表明，科学研究带来了工业上最重要的改良活动，但是在工人们形成新的工作习惯之前，他们对这种改良活动往往是不甚满意的。

这种简单的技术活动，最常见的可能要数手工缝纫了。虽然这项活动完全靠判断力，但很明显，它也依赖于多种心理因素的相互作用，需要适应一定的心理条件。为了研究人类劳动，我的实验室进行了缝纫心理学的研究①。在实验中，被试需要左右手同时工作。右手与一套杠杆系统相联系，右手在动的时候，杠杆系统会
179 在转鼓的烟熏表面留下痕迹，记录右手的运动。例如，我们从简单的反复针开始，在不同的技术条件下考察右手完成 50 个反复针的时间和特点。第一种条件是线长的变化，穿在针眼里的线长度从 6 英寸到 3 英尺不等。其他技术条件则来自于被试的正常速度、

① 实验正在进行中，日后将由 L. M. 西利小姐公布详情。

针数、疲劳程度、外部刺激、注意力、培训方法等等，但主要的关注点仍集中在心理因素上。我们现在只是刚刚开始实验，还很难预测能否通过实验得出一些有益的结论。在稍后的实验中，4名参与实验室研究的年轻女工将在不同型号的缝纫机上进行工作，我们将借此考察她们在工作中的心理状况。

180

第十五章　动作经济学

我们无法将技术劳动工作直接从劳动研究(把劳动当作身体有机体的一种功能)中分离出来。确实,很多问题都会涉及这两方面。比如,研究工业效率的学生经常会关注疲劳问题。他可能把疲劳当作大脑和肌肉活动的一种机能,从心理物理学的角度进行研究。但他同样也对如何改变设备、机器和工作的附加条件以避免疲劳感兴趣。电车事故的发生与疲劳有着一定的关系。问题是如何缩短电车司机的工作时间,而不损害公众利益。不过,很快我们就发现这其中也有技术方面的问题。有些公司引入了一种新型座椅,供司机在疲劳时使用,这个发明取得了不错的效果。在上一
181 章的讨论中,我们重点关注的是技术设备。本章,我们将关注心理物理活动的真正主题。

在这一领域,科学管理运动的领导者已经取得了非常卓越的成绩。他们取得巨大成就的主要做法是帮助个体去除多余动作,训练个体掌握那些最有用的动作组合。为了清晰地解释这一原理,我们回过头来看看砖瓦匠的例子。当吉尔布雷斯(Gilbreth)开始依据科学原理对泥瓦匠的劳动方式进行改进时,他重点关注的是砖瓦匠的动作。他依据空间和时间的关系以及泥瓦匠所付出的必要劳动,测量了砖瓦匠把砖块从院子里挪到墙边砌起来所产

生的肌肉收缩。此后，他重点关注的是心理物理学原理的应用。如果工人的动作能最大限度地利用地心引力，就可以减少疲劳，增加经济效益。如果泥瓦匠同时使用两只手，劳动的速度就会更快。如果相应的肌肉群同时运动，就会更省力，这意味着完成对称性动作会更省力。当执行两个不同的动作时，若是动作由一个统一的 182
神经冲动发出，那也会很省力。双手、双臂或者脚的动作幅度必须是最小，这样才能弥补这种动作差异。然而，以下的规则更重要。如果认定某个动作组合是最省力、最适合的，我们必须从一开始就学习并加以应用。关键是从一开始就要训练这些神经冲动组合，保证能够最快、最好地完成工作。然而人们通常所用的方法却恰恰相反。一般来说，初学者在刚开始时总是力求生产出最合格的产品。为了在早期就能生产出合格的产品，工人往往选择他们认为适合自己的任何动作组合，这就变成了他们的习惯性动作。如果工人想追求更高效的工作，这些偶然间习得的动作就会阻碍他的进步。完成一件普通产品时，那些最适合初学者的动作，对于熟练工人来说已经完全不适合了。工人不能一直使用一开始习得的动作，这样就无法完成高效的工作。他们必须学习新的动作组合，
以取代最开始的那套动作组合。哪怕在转变的初期阶段，他们的 183
工作效率非常低下。一开始就必须选择科学实验验证过的标准化动作，最终才能实现速度的最大化。

需要注意的是，要避免突然停下这些初始动作，这在心理物理学上具有重要的意义。任何一个动作的打断都意味着要调动意志力，付出特殊的努力，并且要消耗一定的能量。而在打断之后开始一个新动作时，还要付出同样的努力，消耗同样的能量。另一方

面，当一连串的动作变成了习惯时，在心理物理上所需的努力就会降至最小，此时的每一个动作都应该自然地结束，而不是人为地打断。与此同时，伴随每个动作产生的心理感觉又刺激了下一个动作的发生。例如，传统的方法要求一只手举砖块，另一只手拿着沾有胶泥的泥刀。传统的方法会打断“举”砖这个动作。按照传统的方法，砖瓦匠会在砖块抹上胶泥，并准备垒在墙上。在砖块上墙之前，砖瓦匠会一直拿着这块砖。然后，砖瓦匠就会采用另一个动作
184 来垒这块砖。我们从根本上改变了这种砌砖的方法。现在，泥瓦匠要学会一只手从砖堆里取出一块砖摞到墙上，一只手把泥均匀地涂在下一块砖上。当然，这一系列复杂动作很难，需要很长时间来学习。然而一旦学会，就能节省大量的心理物理能量，相应带来巨大的经济效益。一个刚接受过培训的泥瓦匠甚至不能用泥刀铲起掉到地上的泥，因为从经济意义上来讲，弯腰这一动作产生的心理物理能量的浪费比泥的浪费更为严重。

任何人一旦察觉到，人类社会在自己的动作上和心理物理上存在着无数的浪费，就能够明白这个道理。能够发现可以节省的神经冲动，也是一种巨大的潜能与才华。甘特(Gantt)就是这样一位才华横溢的大师，他也是新运动的领导者之一。在伦敦的日英展览会上，他发现有一位年轻女孩的工作速度非常快，她的手指运动是有节奏的，而且快到不能更快。在摊位上，她把广告标签贴在
185 箱子上，速度快得惊人。甘特观察了好一会儿，发现她能够在 40 秒之内完成 24 个盒子。后来他告诉这位年轻女孩，她的动作是错误的，她应该试一试他所说的新方法。经过第一次的尝试，她在 26 秒之内完成了 24 个盒子。第二次，她仅用了 20 秒就完成了。

她并不用花费更大的力气，仅需更少的动作就可以完成。如果在最简单的操作过程中可以用省力的方法获得经济效益，那么在高级复杂、需要高技术人才的工作中，只需要对动作过程进行认真的心理物理研究，就可以带来巨大的经济增长。

然而，更为重要的一步必须通过特殊实验研究来完成，心理实验室必须对细节进行详细的解释。只有通过系统的实验才能精确地测量出花最少的力气、完成最标准的动作需要多少神经冲动。几十年来，对动作及影响动作的因素的心理物理学研究，在心理学实验室里扮演了非常重要的角色。我很早就认识到，人们在进行
模仿动作时出现错误的原因主要有两个，一是对动作的错误认知 186
或错误记忆，二是没有认识到动作的目的。我们对于实际产生动作的了解，必须借助于一系列的感觉和知觉。针对这些感觉和知觉，我们进行了一系列的研究。结果发现，过分强调感觉必然会导致对于动作的高估，导致实际的动作幅度偏小，因此，集中注意力具有减少动作的效果。同样，如果认知者在进行判断的时候没有意识到干扰因素，就不会扣除它们的影响，就会导致动作幅度偏小。另外一些研究关注的是内在态度，它可以对外部动作产生一定的影响。如果错误地估计了内在态度的影响，就会出现大量的无意识动作。最后，相关研究调查了在动作发生一段时间之后，根据记忆模仿这个动作时出现的错误问题。如果在动作发生后的最初十秒内模仿一个简单的手臂动作，其准确性会增加，随后却快速下降。情感态度对于动作的再现也起着重要作用。我一直训练自
己的手臂完成标准的伸肌和屈肌动作，最后在正常情况下可以非 187
常标准地完成这些动作。我们进行了一些长达数月的实验，不断

改变被试在日常生活中的情感态度。经过精确的测量，我们发现在激动状态下进行的两组动作幅度都偏大，而在疲劳状态下幅度又都偏小。但是在满意和高兴的状态下，伸肌运动幅度过大，而屈肌运动幅度过小，反之亦然。在不高兴的状态下，屈肌运动幅度过大，而伸肌运动幅度则过小。①

我们进行了一个非常细致的实验，研究了动作的速度和准确性之间的关系。② 实验中节拍器的敲击频率在每分钟 20 次到 200 次之间进行变化，要求被试伴随着节拍器的敲击频率完成手部动作。总的来说，随着动作速度的增加，动作的准确率随之下降。然而这种下降频率并不统一。频率在每分钟 20 次和每分钟 40 次时，动作准确率是完全相同的。每分钟 140 次和每分钟 200 次时的动作准确率也几乎是一样的。因此，并非降低速度就可以提高准确率，这里有一个底限。同样，并不是说提高速度就一定降低准
188 确率，这里也有一个上限。针对不熟练的左手而言，伴随着动作次数的增加，错误次数要增加得更快。如果闭上眼睛，原本速度很快的动作就完成得慢一些，而原本稍慢的动作就完成得更慢一些。

针对这个问题，为了更接近于工业技术条件的实际，我们在哈佛大学的实验室里进行了多种研究。我们的核心问题是，对于不同的肌肉群而言，能否在同样的速度下，实现频率动作的最大准确率。③ 我们特意在不同的压力情境下，对手、脚、胳膊和头部的频

① 闵斯特贝格，《实验心理学论稿》第四册，1892 年。

② 罗伯特·塞钦斯·武德沃思，“随意运动的精确性”，载《心理学评论专论》第 8 卷，1899 年。

③ B. A. 蓝菲斯特，“线性运动的精确性”，载《哈佛心理学研究》第 2 卷，1906 年。

率动作进行了研究。对于34万次动作的测量结果显示,要想实现最大限度的准确率,每组肌肉群都有一个速度上限。动作复杂性和干扰因素对频率动作的准确率有着最大的影响。如果我们首先确定一组特定动作的平均值,然后只考虑平均值和最开始的动作数据(被试开始模仿的动作)之间的关系,我们发现由于速度的不
同,会出现动作幅度增大或变小的显著趋势。例如,右脚和初始动 189
作最接近,一分钟可以完成80个动作,但是头部只能完成20个同样的动作。要想让手部移动14厘米,最佳的速度是一分钟重复120次。然而,要想让手部移动1厘米,完成这个标准动作的平均速度是一分钟40次。左脚围绕平均值的平均波动范围最小,动作速度是20次到30次,右脚是160次到180次,头部是40次,手的波动范围更大一些,是180次,如此等等,不一而足。目前,这类研究并没有对工业生活带来任何影响。但是毋庸置疑,经济工作所需动作的系统研究必须经历严格的实验阶段。然而,企业管理者和心理实验室的研究者一开始就必须相互合作,共同承担这项工作,这一点对他们而言很重要。这里并不是说要把实验室搬进工厂,而是说要把工业生活中出现的具体问题交给心理学家去进行科学研究。

190 第十六章　关于单调问题的实验

根据心理状况，系统的组织动作是提高效率的最重要方法。但是，尽管去除了多余的、不适合的和干扰性的动作神经冲动，并且工作条件也完全符合心理需求，生产力也很有可能会出现大幅下降，或者远低于最大生产效率。比如，最合适的工人也会因重复劳动而筋疲力尽，最终毁掉了健康，也毁掉了工作。因此，疲劳和恢复精力也应当引起特别关注。同样，情绪也可能起着刺激或干扰的作用。我们也不能低估高级动机，即智力动机、审美动机和道德动机对劳动者心理神经冲动的重要影响。如果这些更高层次的需求得到了满足，那么个体就会获得新的张力。如果这些高层次
191 的需求没有得到满足，对心理机制带来的刺激比机器的破坏后果更为严重。总而言之，我们仍然要从不同方面考虑心理因素和经济产出之间的所有关联。我们可以从一个在经济领域，尤其是当今的经济学文献中扮演重要角色的问题入手。这个问题就是劳动的单调问题。

在讨论现代工业生活的光明面和阴暗面时，大家似乎都同意这样一个观点，工业劳动的单调给文明带来了负面影响。自从工厂开始涌现以来，必然会出现对这一问题的谴责。由于劳动分工，工人看不到整个产品，他们不得不投入细分的产品部件的生产中

去。产业工人必须无休止地重复着切割、磨光和塑形这样的动作，不能做出任何改变，这实在无法激发任何工作兴趣。时至今日，劳动分工的发展已经大大超出了亚当·斯密的描述范围。劳动分工
导致了精神饥荒，它压迫着劳动者的生活，剥夺了他们工作中所有 192
的快乐，使工厂变成社会必需品。但从心理学角度而言，工厂变成了罪恶的化身，这是十分可悲的。我非常确信，信奉科学的心理学家绝不会赞同通俗心理学的这一论断。

可以肯定的是，制造业分支中出现的劳动分工问题与许多其他问题有着紧密的联系。在我们的社会结构中很快就会出现更大的劳动分工问题，这对满足社会生活的职业化和专业化的需求来说是不可或缺的。无疑，这在一定程度上限制了每个人满足自己欲望的需求。在现代社会中，没有人能够完成自己所渴望完成的所有事情。但是，关于文明的这些大问题不在我们目前讨论的范围之内。从另一方面来讲，单调问题与疲劳问题非常接近。但是我们必须清楚地看到，这两个问题是不同的。我们可以在不涉及疲劳问题的情况下来讨论单调问题。频繁地重复同样的动作或者
心理活动必然会引起客观上的疲劳，可能会影响经济产出，但这并 193
不是探讨单调问题的真正意义。关于疲劳，我们稍后再谈。在这里，我们只关注特殊的心理态度，即主观上对于相同的、缺少变化的工作的厌恶。在这个层面上，人们经常误解单调问题在经济上的重要性。

我们应该知道，旁观者无法判断一项工作是否提供了内在多样性。如果我们不知道或真的不理解这一问题，那么我们就完全无法对内在的细微差别进行区分。尽管路人觉得所有的羊看起来

都一样，但牧羊人却能够仔细分辨出每一只羊。即使在最复杂的活动中，也存在对人们在工作时的不同感受了解不足的情况。自然主义者想象文献学家的研究一定是非常单调的，文献学家则认为倾尽一生去研究自然科学的细枝末节一定很无聊。只有当一个人置身于工作中，他才能够真正体会到无穷无尽的多样性，认识到
194 每一事物与其他事物之间的差别。对于产业工人而言，只有长期了解某个特定领域，才能把注意力转移到这些细微区别上。当然，这个领域会细分到每个工人所从事的专业领域。但无论是生产一台机器，还是仅仅制造一个车轮，工人在生产的态度上是没有本质区别的。即使是制造最复杂的机器，工人的新鲜感也会迅速地消失殆尽。虽然机器具备独立功能，但这并不会使生产机器这项工作变得独具吸引力。只要生产整台机器的工作独具价值，那么制造车轮也是一项独立的工作，甚至拥有同等的价值。任何人只要认识到这些车轮之间的细微差异，并且知道怎样制造出好的车轮，怎样生产出坏的车轮，怎样造得快，怎样造得慢，那么他们就会和制造整台机器的人一样，对制造小部件充满兴趣。毫无疑问，工人感兴趣的不是车轮本身，而是制造车轮这项活动。制造车轮所需的每一个新动作都代表了一次崭新的机会，都会建立起一种全新
195 的关系，这与重复不重复毫不相干。在引入计件工资之后，人们对于寻找新的最佳工作方法的兴趣更为强烈。工人们明白自己的收入取决于生产出合格产品的速度。在这种刺激下，他们不断超越自我。并且相对于那些可能带来改变以及提出新要求的工作，他们更喜欢那些外部统一、自己所熟悉的工作。

长期以来，在我所参观的每一家大型工厂里，我都尝试用局外

人的眼光去发现在特定工作中最令人厌倦的地方。一经发现，我就立即与操作工人进行坦诚的交谈，并且努力获取他们对这项工作的观察和评论。我的首要目的是找出这种重复（尤其是持续多年的重复）给他们带来了多大程度的不适。我想再举一个例子。在一家有着几千名工人的电气工厂里，有一位用薄纸打包白炽灯的女性给我留下了深刻印象，我认为她的工作最单调。她从早包到晚，从年头干到年末，一干就是 12 年。她平均每天包装的灯泡 196
数量是 13000 只。她伸出一只手去取下一只灯泡，另一只手伸向一沓薄纸，以此完成整个包装工作，次数共计 5 千万次。包装每只灯泡时，大约需要完成 20 个手指动作。在我观察期间，她能够在 42 秒钟内包装 25 只灯泡，仅有几次耗时 44 秒。每 25 只灯泡装进一只盒子里，关上盒子只需很短的时间。很明显，她非常喜欢谈及自己的工作，她说从工作中发现了真正的乐趣。她时常也会感到内心的紧张，她会思考在下次工作间歇之前，她能完成多少个盒子。尤为重要的是，她告诉我这项工作并不是一成不变的，有时她用不同的方式拿灯泡或包装纸，有时包装的过程进行得并不顺利，有时她感觉工作很新鲜，有时她没有心情去工作，这项工作中总是有一些事情需要去观察和思考。

在我的参观经历中，经常见到类似上述情况。我在一些生产机器的大型工厂中花费了很长时间，终于找到了我认为的最单调乏味的工作。最后，我选定了一名男子，他只需要把金属条慢慢往 197
前推一推，让一台自动化的机器在上面打洞。只有金属条不在正确的位置上时，他才能操作控制杆停止机器运转。在过去的 14 年里，他每天要完成 34000 个同样的动作，但他同样也认为这项工作既有趣又刺激。我对他的印象是他是一名聪明的工人。最开始的时候，他也认为这项工作有时非常令人疲倦，但后来他越来越喜欢这项工作。我误以为这是因为在开始的时候，他必须充分集中注意力来完成工作，后来复杂的动作慢慢变成了自动化动作，完成工作就像是条件反射一样，这样他就可以把心思转向其他事情了。但他非常详细地给我解释说，并非我想象的那样。他现在仍然觉得应该把全部心思都放在工作上，只有这样才能完成每天安排的工作量。他每天必须要完成在金属片上打1000个洞的工作量，只有这样他的日工资才能养活他们一家人。不过他特别补充说，不仅仅是工资给他带来了工作满足感，他从工作中也获得了乐趣。

198 另一方面，我经常发现，尽管工薪阶层，不论男女，都会痛苦地抱怨工厂工作是多么单调无趣，但是他们似乎都做着有趣且富有变化的工作。我越来越相信，单调感更多地取决于个人的特殊倾向，而不是工作的种类。不可否认，在高层次的工作中，也存在着类似的情况。有些教师经常抱怨说，教育幼小的儿童学习基础知识是一件单调到让人无法忍受的事情，但是另外一些从事相同工作的教师，却能够感受到教学活动的多样性，在教学中每天都有新的启发，在课堂上保持着良好的工作热情。我们发现，有些内科医生抱怨要经常处理相似的病例，有些法官为总是处理琐碎的案件感到绝望，而另外一些内科医生和法官却能真切地感受到每一个病例和案例所带来的新意，他们认为这些重复并不明显，也不令人厌烦。我们发现，有些演员认为连续数周每天晚上都重复扮演着同一种角色是一种折磨，而一名著名的女演员在扮演同一个主角400场后告诉我，即使她扮演了数百次这样的角色，她的兴趣也丝毫不减，因为她总是会面对新观众。一些演员的想法正是如此。199
这种个体差异看起来可能与深层次的心理物理条件有关。确切地说，我对这个问题的思考带有一种先入为主的观点。我猜想，有些人对差别的感觉更精细、更微妙，他们能够感知到变化的多样性，而另外的人却只能看到一致性。我暗自假设，对于一致性的认知必定是令人不安的、烦躁的，而对于变化的认知却能刺激大脑，带来舒适的心理体验。然而，当我着手用实验来验证这个问题时，我意识到我的假设是错误的。要想对此案例进行正确的解释，必须推翻之前的假设。也就是说，轻易就认识到一致性的人并不会感到不安和烦躁。

我采用如下方式继续进行研究。为了寻找大量善于自我观察的被试，最初的系列实验所选用的被试是哈佛大学选修我讲授的心理学课程的学生。在去年冬季的心理学课堂上，有 400 多个男生参加了我的实验。我按照如下的方式给他们呈现不同的任务：200
我提供一个单词表，表中大约一半单词属于单一概念组，这里有花朵的名字，或者城市的名字，或者是诗人的名字，或者是身体部位，也可以是野生动物的名字。此外，单词表中剩余的另一半单词之间没有任何内在联系和相似性。在这组单词表中，相似的单词和完全不同的单词混合在一起。被试首先聆听这一系列的单词，然后在不依靠计数、只凭借印象的情况下，判断相似的单词与完全不同的单词相比，哪一种数量更多，哪一种数量更少，或者是数量相当。在另外一组实验中，我们安排被试聆听两组单词表，在第二组单词表中有多数或少数的单词与第一组单词表中相同。被试的任务是在只凭借印象的情况下，判断重复的单词是占多数还是少数。

在每一次实验中，被试都需要找出那些属于同一组并且意义相同
的单词，或者找出重复的单词，然后回答与那些完全不相同的单词
相比，它们的数量是多、是少，还是相同。假如所有的回答都是正
确的，结果应该是回答数量多的占 30%，数量少的占 30%，数量相
201 同的占 40%，因为单词的分布是对称的。一旦我收集了学生的回
答结果，就可以计算出判断为相同、多或少的单词的具体数值。然
后，我们把这些认定为数量相同的答案一分为二，一半分给认定为
数量多的一边，一半分给认定为数量少的一边。采用这样的方法，
我们就可以采用一个简单的数字来描绘个体的整体趋势。我们发
现，对于那些相似的或重复的单词的数量，学生在整体上存在着低
估的倾向。大多数同学对意思不同的单词比意思相同的单词的印
象更深。然而，这种趋势在表现的程度上还是有所不同，四分之一
被试的感觉却恰恰相反，他们对那些具有意思一致性的词语有着
更深刻的印象。

结合实验，我还提出了一系列问题，要求每位被试针对生活中
的单调问题表达自己的态度，做出最详尽的自我分析。每个人都
必须说明，在生活中的细小事情中，他们是喜欢多样化还是喜欢重
复。比如：在日常用餐或走路的时候，他是喜欢一成不变，还是喜
欢有所变化。而且，我们还要求被试回答，他有多喜欢坚持做一项
工作，或是改变自己的工作，他在多大程度上赞同职业工作中产生
202 的重复等等。最后，我对比了实验后自我观察的结果和实验的结
果，让我非常吃惊的是，它们之间的关系与我前期的假设完全相
反。我发现，那些对重复感知最少的人最讨厌重复；而在生活上，
那些对重复有着最强感知的人、以及那些高估重复数字的人最能

欣然接受重复。

在获得最初的实验结果以后，我就开始观察这些结果在多大程度上和我们所知的心理物理学事实一致。几年以前，有位匈牙利的心理学家通过有趣的实验得出如下结论：[①]如果快速地给被试呈现一系列数字，只呈现一次，被试对这串数字的印象就会存在相互抑制的现象。在哈佛大学实验室，我们对这个实验进行了改造，排除了数字之间的空间距离这一因素的影响。在我们的实验中，数字不再是一个挨着一个排列，而是在相同的位置一个接一个地快速呈现。[②] 另外，我们还把数字换成颜色等进行了类似的实验。我们发现，快速接替的同等事物、或者相似的印象之间存在相 203
互抑制或相互融合的趋势。出现抑制现象时，我们可以假设第一印象的认知消耗了所有的心理资源，个体的心理机能短时间内无法再次唤起同样的印象。

上文所描述的实验表明，对相同或相似印象的抑制在不同个体身上有着不同的表现。这种抑制作用所带来的对心理物理资源的瞬间消耗，在个体间也存在差异。很显然，有些人在获得一种印象后，难以迅速建立起同样的印象，因为他们的注意力和心理能量都已经耗尽了。相反，对于另一些人而言，第一次印象的获得恰恰是为再次捕获相同或相似的印象进行了内在的准备。在这种情况下，个体的心理物理倾向由于受到刺激而变得兴奋，有利于重复行为的发生。在我们的实验中，如果任务仅仅是判断相同或相似印

① 朗斯伯格，“论学习、记忆和再生产中相似性的意义”，载《心理学和神经病学杂志》，第6卷。朗斯伯格，《关于心理和生理的感官器官的期刊》，第80卷，1902年。

② H.克莱因克内希特，“光刺激的干扰”，载《哈佛心理学研究》，第2卷，1906年。

象的存在情况（前提是注意力不受限制），由于许多单词在头脑中被抑制、被忽略，其中的一组被试一定会低估相同/相似印象的数量；而从心理倾向上来说，另一组被试一定会高估相同/相似印象
204 的数量。这里，我们就必须进行进一步的研究。如果安排这两组被试去执行任务，要求不漏掉一系列重复任务中的任何一次，那么这两组被试明显会有非常不一样的表现。要完成这个任务，就要求被试能够对每一个数字都进行正确无误的感知。那些能轻易获取相同印象的人、以及那些每一次经历新的重复时都提前在心理上做好准备的人会毫不费力地完成任务，并在重复的过程中体验到真正的满足。对于另外一些人而言，每留下一次印象就会抑制他们对于下一次重复印象的接受，因为经历同样的事情会消耗掉他们所有的心理能量。如果让这些人把注意力从一件事情转向另一件相同的事情上，他们一定会感到痛苦和疲惫。这种心理折磨明显使他们感到不快，他们把这称为工作中的单调。无论这种理论观点是否正确，我们都必须通过进一步的研究来进行检验。在哈佛大学实验室里，我们从大量的这种预备性实验入手，对少数被
205 试进行了深入细致的研究。这些被试在心理观察上接受过良好的培训，可以接受实验条件在多个方面的变化。①

这样的实验很可能具有心理技术学上的重大意义。我们需要进行一系列小测验，这些测验必须和特殊情景相适应，并且对于工薪阶层来说，这些测验必须更加容易（相对于以上的实验设计而言），这些小测验能够事先检测出个体是否讨厌工作中的重复。如

① 实验正在进行中，日后将由 O. E. 马丁小姐公布详情。

果我们不考虑社会改革言论，只考虑经济意义，重复的工作应该由那些在心理上能够不断留下相同印象的人来做，这一点非常重要。实验能够帮助我们选拔合适的工人，消除对单调问题的抱怨。相反，我们也可以选拔不喜欢单调的工人从事适合他们的工作。因为在很多职业中，尤其是在机器自动化时代，需要工人能够快速、有节奏地从一个活动切换到另一个活动。一些人天生不容易对相同的事情产生心理兴奋，而是很容易对不同的事情产生心理兴奋。很显然，这类人更适合于此类经济任务。

206 # 第十七章　注意力与疲劳

工作过于单调就会产生其他后果:注意力受到影响,劳动生产效率下降。提到这个问题,心理学家首先想到的往往是外界环境会分散个体的注意力。如果心理学家研究实际经济生活,他就会惊奇地发现,社会上对心理因素的关注竟然如此之少。在工业企业中,技术工人可以立刻消除机器中的任何干扰,保证经济效益的最大化。但是通常没有人注意到一种最可怕的干扰,这种干扰经常发生在工厂最精妙的环节上,那就是对工人注意力的干扰。例如,工人没有全身心地投入某项复杂的工作中,而是去从事次要的工作,虽然这种次要工作看起来很简单,而且也不会对主要工作造成干扰(工人自己也这么认为),但是我们必须意识到这是对注意
207 力的干扰。已经有实验证明,同时进行多项独立的活动所需要的精力分配是不均等的。众所周知,现实生活中就有人一边向速记员进行口述,一边完成几百封信件的签名;或者一边演示实验过程,一边流利地讲课。而对于另外一些人来说,次要的活动会不断地打断其主要工作。有些人在完成主要工作任务的同时,能够有效地从事次要的工作,其自动化的水平是如此之高,甚至不需要占用意识资源。例如,我见过这样一名工人,他一直忙于复杂的技术工作,似乎他的注意力全在这上面了。但他却能在轮子每旋转 50

转的时候，推动身旁一台自动化机器的操作杆。在整个工作过程中，他并没有进行有意识的计数，却能维持机器的运转。每当在轮子转动到第 50 下的时候，就会产生有意识的心理冲动，完成操作杆的操作。在意识的阈值之下已经形成了自动反应机制。然而， 208
不管独立功能的自动程度是大是小，不管对自动程度的要求是简单还是复杂，在每一案例中，次要活动都会对主要活动形成干扰。当然，如果把妨碍主要工作的次要工作并入主要工作之中，就可以省去一名单独从事次要工作的工人的成本，这样一来，工厂的盈利就会更高。在很多情况下，工厂虽然没有这么做，但是也忽略了工人的心理状况。次要工作看起来容易，但它在实际工作中对主要工作的阻碍却往往容易被忽略。心理学实验室的实验表明，在很多领域里，同时进行的几项独立的活动之间总是相互干扰，相互抑制的。

我们必须牢记，工人之间的交谈也属于心理物理学上的干扰因素。持续的集中注意力导致疲劳，偶尔交谈则能放松并舒缓心情，他人的回答也能暂时激发工人不断产生心理能量。另外，这种社交谈话还能够调动工人整体的情绪，由此产生的愉悦感很可能成为新的心理物理能量的来源之一。然而，只要工人在工作中的 209
交谈不是工作所需，必然会导致工人注意力的分散，这是一个很重要的事实。当然，工人自己意识不到这些影响，他们确信自己可以同时完成这些工作，即使是渴望多挣钱的计件工人也相信自己不会因为谈话而降低工作效率。但是一家倡导科学管理的机构通过实验研究驳斥了这种想法。当然，强制要求禁止闲谈看起来很残忍，并且从心理学上来看，在工厂里实行监狱式管理并非明智之举。根据科学管理的原则，一些工厂对工作安排进行了调整，重新编排了工人在工作中的位置，这样一来，闲谈变得很困难，甚至难以实现。报告显示，各地工厂的产量都有显著增长。只要工人的内心保持社交的感觉，他们在工作中的注意力就会非常集中，甚至超过他们的想象。这是由于他们保持了与社会合作的感觉，促进
210 了注意力的集中，这种感觉不会因为缺少交谈而减少。有趣的教育心理学实验已经证明，工人在一间公共厂房的工作效果比一个人单独工作的效果要好。然而，对于那些非常聪明却容易焦虑的学生来说，情况却相反，他们在自己家里的学习效果要好于在教室里的学习效果。但是对于普通人而言，工厂很难为其创造单独的工作环境，共同努力工作的意识能够起到心理物理上的强化效果。即使工人的座位安排排除了工作中闲谈的可能性，但是工人可以看到彼此，这起到了同样的作用。

然而，到目前为止，干扰注意力的更重要的因素是来自外部。这里，我们应当着重关注工人自身感觉不到的干扰。在一间大型印刷车间里，一名女工正坐在一条过道旁聚精会神地工作。与此同时，有许多货车在这条过道上不断运送货物。把这名女工从走道旁挪到一个安静的角落后，她的工作效率提高了 25%。[①] 工厂里一定有很多这样的当今科技很难消除的干扰因素。例如，工厂中机器的噪音，它会让人们的正常交流变得困难，我们把它归为心
211 理干扰，然而工人们自己往往感受不到噪音的存在。更大的干扰

① 亨利 · P. 肯德尔，"非系统化，系统化，科学管理"，载《达特茅斯学院科学管理会议上的演说与论文集》，1912 年。

是那些节律感很强的声音，就像用重锤持续地击打所产生的噪音那样，导致个体在心理物理活动上产生相应的节律反应，这种节律往往又与个体的工作节律形成强烈的反差。一种节律是工作带来的，另外一种节律是干扰因素带来的，在这两种节律的不断斗争中，疲劳就成了不可避免的现象。

如果我们的目的是阐释心理经济学系统，我们就应该继续探讨疲劳对工业效益的影响。我们必须讨论各式各样的疲劳、耗竭、精力恢复的条件，以及与心理物理学相关的问题。但在过去的数十年中，科学以及实际生活对这个方面已经进行了详细的探讨。
在此，我们不再赘述该问题及其重要性，我们也无需复述过去的半 212
个世纪里生理学家和心理物理学家搜集到的丰富资料和事实，虽然这些资料对工业劳动力的重要性是显而易见的。我们计划对那些没有进行系统调查的领域以及需要新设备的领域进行简单的探讨。此外，由于实际应用以及洞察社会需求的需要，工厂已经变成了一间能现场研究疲劳问题的大型实验室。疲劳和产量取决于工作日的工作时间，许多地方已经采用精确的实验对这个问题进行了验证。我们很容易发现，随着工时的缩短，工人的表现在数量和质量上是如何变化的。

在一个又一个的文明国度中，伴随着工人们漫长而疲惫的工作日变得越来越短，来自于工厂的数据调查支持了立法者和社会改革家的理论探讨。人们发现，在任何地方，甚至是在其他文化与社会利益团体中，适当地缩短工作日，不但不会造成损失，而且还会带来直接的收益。 213

恩斯特·阿贝(Ernst Abbé)所管理的工厂是德国最大的工厂

之一。作为缩短工人工时运动的先锋人物,他在很多年前就报告说,将工作时间由 9 个小时缩短为 8 个小时(即缩短超过 10%的工时),每天的产量不仅不会减少,反而会增加。而且这种增加不是通过损害工人健康的方式增加工人的劳动强度,要求工人付出额外的劳动努力来实现的。[①] 在全球范围内进行了百万次的实验验证后,这个观点仍然是站得住脚的。企业家还从另外一个方面对疲劳问题进行了考察。长期以来,疲劳和事故之间联系紧密,这是一个人尽皆知的问题。虽然不同国家和不同产业领域的数据并不完全一致,但是事故数量和工时之间存在紧密联系,在这一点上已经达成了广泛共识。通常,大多数事故都发生在上午 10 点到 11 点和下午的 3 点到 4 点之间。由于工作时间和吃饭时间的安排不同,使得各种统计表格看起来不太一致。但是,在任何地方我们都
214 可以发现,在最初工作的几个小时里,疲劳所起的作用还不太明显,事故数量是很少的;在长时间的休息之后,事故数量也会下降。在上午和下午快结束的时候,事故数量也在变小,但是事故数量变少是有原因的。随着疲劳程度的增加,工人感觉到一天的工作进入尾声,工作活动的节律也就变得缓慢了,随着节奏的变缓,事故发生的危险几率也就大大降低了。同样,工厂也高度关注疲劳和休息时间的安排之间的关系,以及疲劳和机器的运行速度之间的关系。机器运行的极限是由工人(尤其是女工)的疲劳程度来决定的。

立法机构、工会和制造商也经常会遇到疲劳问题。[②] 另一方

① 恩斯特·阿贝,《文集》,耶拿,1908 年,第 3 卷,第 206 页。

② 有关问题的详细调查报告及相关文献著述详见约瑟芬·戈德马克的《疲劳和效率》,纽约,1912 年。

面，心理学家和生理学家也持续研究了肌肉系统的疲劳和恢复、以及中枢神经系统的疲劳和恢复，并采用了最为精巧的方法对事实进行分析。尽管如此，上述两个领域的工作之间基本上不存在合作与交流，这是一个不可否认的事实。相反，整个形势再一次证明了那句老话，采用系统科学的方法所能达到的效果，在实际生活中 215
仅仅通过不断尝试是永远无法达到的。另一方面，如果理论研究者忽视了现实生活中的问题，他们的研究也无法对文明产生最大的价值。理论家们必须打好理论基础，在这个基础夯实之前，他们可以对现实问题置若罔闻，但基础一旦打好，就必须基于这些中立性的研究成果，对现实问题进行专门的理论研究了。如果工业管理者没有和实验室建立联系，并且实验者也不愿接触实际工业生活，那么人类社会将会蒙受苦难。只有理论学家的研究和工业管理者的实践相互渗透、相互结合，人类社会才会有希望。

工厂通过实践所作出的努力还不够，还没有达到这样一个水平，即实现劳动的最大产出而不带来疲劳问题。我们把缩短工作日称作是一项实验性计划。减少工作时间非常简单，不需要进行专门的实验。但是当我们讨论工间休息、工作速度以及其他与疲 216
劳相关的类似问题时，情况就变得复杂多了。工厂里的情况千变万化，这和系统的实验研究是不太一样的。效率专家(efficiency engineer)的一些知名研究清楚地展示了系统研究的可能性。最著名的案例就是泰勒(Taylor)在伯利恒钢铁公司(Bethlehem Steel Company)进行的搬运生铁块的实验。泰勒发现，在这个拥有 75 人的工作群体中，平均每人每天搬运铁块的总量是 12.5 吨。当他与各类管理人员讨论工人所能搬运的铁块最大重量时，他们认为，在奖金、计件工资以及其他一切常规手段的激励下，这些工人一天最多能够搬运的铁块总量在18吨到25吨之间。随后，泰勒对工人的疲劳程度与工作负荷的关系、工作时间与休息时间的分配关系进行了系统研究。他最初只是计算了工人机械性的体力消耗，所以他的努力没有获得成功。其结果发现，有些人在消耗了1/8匹马力的体力之后，就开始出现了疲劳症状，而另外一些人在消耗了1/2匹马力的体力之后，看起来也不疲劳。很快，他就意识
217 到了原来计算方法的错误。即只注意到了实际搬运动作带来的体力消耗，而忽视了工人静止时的体力消耗。当工人静止站立时，他的胳膊必须要承受铁块的重量，肌肉也会相应地用力。当把这种肌肉用力也计算在内，他发现对于每一个特定的工作负荷而言，负重的工作时间与休息时间之间一定存在着某种关系。对于一名一流的工人来说，如果正常的工作负荷为90磅的话，那么他在一个工作日里的负重时间不能超过工作总时间的43%，其余57%的时间必须全部用于休息。如果重量减轻，那么这种对应关系也将随之改变。如果工人搬运的铁块重量为46磅，他可以负重的时间为工作总时间的58%，只需要42%的时间来休息。[①]

在通过实验确定了这些数值之后，泰勒挑选了一批工人，不让他们自行选择什么时候搬运多重的铁块，而是让工头准确地安排工作和休息时间，工人的每个动作都要严格按照这个计划来进行。如果工头简单承诺说，只要工人每天搬运的铁块数量超过了通常12吨的平均数，就给工人高额奖金的话，工人就会给自己太多压

① 弗雷德里克·温斯洛·泰勒，《科学管理原理》，纽约，1911年，第58页。

力和负担，他们想尽快完成这个任务，所以在工作开始了3到4个小时之后，就会变得精疲力竭了。虽然在最初的几个小时里，他们 218 工作非常拼命，但是全天总工作产出却相对较少。如果工头严格规定工人举起和搬运铁块的时间，以及必须安静休息的时间，与原来的12.5吨相比，这些工人一天搬运铁块的重量达到了47.5吨，而疲劳程度并没有增加。工人的薪水也因此增长了60％。这些小案例非常清楚地表明，通过科学的实验调查带来了经济效益的增加，这和仅仅通过高薪鞭策工人劳动有很大的不同。科学管理工程师们制定了这些规则，只要重视纯粹的心理学因素，再加上实验心理学家细致的分析，这些规则就可以被阐释，长久地指导工业实践。

对疲劳进行系统的心理学调查是非常重要的。我们都认为，由于疲劳而产生的主观上的不愉快情绪并非测量客观上的疲劳程度的可靠标准，即不能用此测量工作能力的下降。日常经验告诉我们，有些人很容易就达到了疲劳的极限，甚至在一些极端的事例 219 中，人们因为未能本能地及时保护自身免受强烈疲劳的伤害，进而导致精神崩溃。另一方面，我们也发现有些人，特别是女性，在消耗较少的体力后就感到疲劳，这是因为他们没有及早学会抑制表面的疲劳，或者因为在这种情况下，疲劳感的强度不正常。那么，在完成一定的工作之后，个体的心理物理资源被消耗到了什么程度？要回答这个问题，我们必须借助于客观的研究，而不是通过主观的感觉去猜测。同时，我们只有在实验室中通过系统的实验研究才能确定测量疲劳的客观方法。

迄今为止，在实验室中开展的实验研究，只要不是属于纯粹的生理学的，整体上都可以归为所谓的脑力劳动的范畴，这些研究成果都可以用来支持学校的教学和临床诊断工作。毫无疑问，那些关于耗竭、疲劳、可竭尽性、恢复能力、从实践中学习的能力等方面的个体差异的优秀实验研究，有助于满足学校教师和神经专家的
220 需求，但还不能及时地满足工厂管理者的需求。我们需要一系列漫长的调查，发现记忆、思维、写作等方面的各种实验成果应该如何运用到工人的工作中去，以达到理想的效果。

第十八章　自然与社会因素对工作能力的影响 221

工作能力的强弱不仅取决于工作疲劳程度和休息情况，还会受到各种各样其他因素的影响。从经济效益的角度来说，这一点非常很重要。一天中不同的工作时间、一年中不同的季节、天气以及气候的变化等等都会影响工作能力。近年来，我们已经消除了导致这种干扰作用出现的部分要素。教育心理学的实验已经精确地绘制出在校生一个小时内的效率曲线。许多调查研究也绘制出了心理效率的标准日曲线图和年曲线图。社会学和犯罪学关注大众行为的波动以及现实生活中的常识和经验；经济统计学关注一年内和一天内的工业产值的数量和质量。以上两方面的研究起到
了相互补充的作用。心理学实验室的系统研究局限在教育学领 222
域。心理学实验已经确定了在校生成绩在一年中的不同月份和一天内的不同时间的变化。以此类推，在精准实验和经济活动之间建立起联系应该不难。很多问题的落脚点都可以归结到个体心理效率的变化上。实验室从日常生活的经验中得出，经过一整夜的休息之后，早上干活的工人能精神百倍地投入工作，只是随着时间的推移，疲劳程度不断增加；晚上干活的工人因为睡眠后效的缘故，刚开始工作时状态不是很好，但随着工作时间的推移，再加上

工作中的刺激，精力反而越来越旺盛。从这个方面对工人进行系统的选拔是可行的，不同的工作在早晚需要不同的效率分配。

从经济学的角度来看，根据工作能力在一年之中的波动，来进
223 行工人的选拔和调整也是非常重要的。例如，经济学的调查表明，平时工作效率相同的年轻工人和年老工人在进入春季后，工作能力就会变得有所差异了。经济学家认为，这种工作能力的差异与性别因素有关。但是其他一些因素，如有机体的血液循环、对外部温度的反应、不同腺体的活动等，都会导致个体效率在一年内不同季节之间的变化。众所周知，经济领域里的许多行业，其全年的业务量大部分都是在一年之中的某个时段完成的。这样来看的话，系统地研究个体变化就具有重要的经济学价值了，这会涉及大量的工人，他们能够从中受益。另外，工作能力与一天和一年的不同时段之间也存在稳定关系，这种关系不受个体变化的影响。比如，在一天中的正午时分，人们的工作效率总是最低的，而纵观一年，也正是盛夏时节，效率最低。相应地，到了冬季，人们的心理工作效率会有所增加。另外，调查显示，即便同样在春季，人们在智力活动和心理动力活动中的表现也是不一样的。随着冬天的远去，智力活动的效率在降低，心理动力活动的效率却在提高。[①]

224 每天的气温、天气以及季节的影响都可以归为影响效率的自然因素的范畴。这些因素对于效率的影响与营养、兴奋剂以及睡眠等带来的效率影响属于同一类型。对于这些外部因素与单纯的

① W.海尔帕赫，《地理心理现象、天气、气候与风景及其对精神生活的影响》，莱比锡，1911年，第176—212页。

肌体运动之间的关系，心理学家是不感兴趣的，但显而易见的是，这些关系中都包含有一定的心理层面的内容，只有通过心理实验才能从心理技术层面找到解决问题的方法。我们进行了一些优秀的实验调查，考察了睡眠不足对智力劳动和简单的心理动力活动的影响。但是，如果仅仅从这些研究结果中就能推断出缺乏睡眠对特定经济活动的影响，未免过于武断。在有关交通事故的文献中，我们可以看到大量的关于睡眠不足对于驾驶员的破坏性影响的讨论，这些讨论中提到轮船驾驶员、火车驾驶员和汽车驾驶员等，但目前尚无针对这类事故的心理物理过程的分析。只有通过系统的实验，我们才能得出结论。至于饥饿对心理物理活动的影 225
响，目前也还没有令人满意的研究。

目前，有大量的心理学研究开始关注酒精对各种心理机能的影响。在这些研究中，有些已经触及酒精对于产业工人的经济活动的影响。说到这个，不得不提及德国的排字工人排版实验，[1]这个实验被广为引述，但也存在不少曲解之处。在这个实验中，安排工人在工作期间的某个特定时间点饮用一定数量的烈性酒，然后测量他们在接下来的 15 分钟里的排字数量，并与他们在正常情况下 15 分钟里的工作成绩进行比较。众所周知，喝过烈性酒的人都会有一种错觉，他们主观上认为酒精提高了他们的工作能力，但实际的情况是，工人平均的工作效率却下降了 15%。这些损失仅指工作数量的损失，而不是工作质量的损失。一旦类似的实验用于服务经济生活，就必须根据具体的情境进行一些针对性的调整，对

① 阿沙芬堡，“实际工作中酒精的作用”，载《克雷珀林心理工作》，第 1 卷，1906 年。

226 刺激物的强度进行分级，特别是要认真研究个体因素的影响。就酒精的影响这个极其复杂的问题而言，为了更好地服务于实际的经济任务，就必须进行实验室的纯理论研究，把酒精的影响分解为几个方面来进行考察。我们首先必须找到酒精对心理活动基本进程（如感觉、注意力、记忆等）影响的准确事实，为最终系统完整的经济实验做准备。

目前，对经济领域贡献最大的心理学研究，可能非酒精实验莫属了，这个实验涉及对外部世界的理解。这些实验证明，在摄入酒精后，人们捕获印象的能力下降了，意识的广度也会变窄。个体在饮酒之后，某种记忆力不可避免地下降，距离感和时间概念也在下降，并往往伴随着类似的心理障碍，这对工业和交通运输业的负面影响是显而易见的。然而，人们往往觉得少量饮酒之后感觉（尤其是视觉）更加敏锐，但是这些很难在实际生活中发挥作用。考察饮酒效果最有名、最具有实验色彩的要数饮酒导致个体兴奋度提高
227 的实验，这一实验对于工业活动明显具有重大意义。毫无疑问，尽管我们可以在经济上加以利用，但少量饮酒导致的运动神经冲动(motor impulse)并没有带来什么真正的好处。即使酒精的后续效果会产生反应滞后的现象，但最终还是会对人体器官造成伤害。在酒精的刺激下，个体反应的确定性和完美程度降低了，为错误的增加创造了条件，而这在经济生活中常常意味着危险的运动神经反应的增加。饮酒之后，运动神经释放的能量也受到了影响。

最近，有些实验考察了酒精对意志力的影响，这些研究对于经济活动有着特殊的意义。实验方法是在人工模拟环境下，对个体抵抗某种愿望冲动（will-impulse）的意志力进行准确测量。实验

试图了解个体克服冲动的意志力大小，并考察酒精对意志力的影响。为此，首先要求被试重复学习某种无意义的音节组合，直到能够在记忆中形成紧密的联系。达到给出序列中的任何一个音节，被试就能立刻自动想起序列中下一个音节的水平。然后，要求被试运用意志努力打破这种记忆联系。举例来说，要求被试在听到 228
序列中的某个音节后，不说出序列中的下一个音节，而说出另一个韵脚相同的音节。在音节序列的学习次数不太多的情况下，被试很容易就能克服意志冲动，回答出正确的答案。当对音节序列进行多次学习后，记忆中的联系加强，会形成一种阻碍，这是意志力无法打破的，序列中的下一个音节会在被试有意识地寻找押韵的音节之前冲进脑海。因此，重复的次数就可以用来测量意志力大小。在正常条件下进行这些实验后，再安排被试摄入不同剂量的酒精，重复进行这些实验。[①] 随着这些简单任务的增加，实验变得越来越复杂，但是结构却相似。实验结果清楚地表明，酒精并没有影响被试的意志力，但他们的成绩却下降了，这是因为他们掌握材料的能力降低了。只要酒精摄入量不大，这种能力的降低反而激发了意志力。这就可能会导致这样一种情况：意志力的增加不仅补偿了下降了的理解力，甚至会对其进行过分补偿，从而促进了心理活动的进行。但是只要酒精摄入量达到约 100 毫 229
升，意志力的增加就无法补偿理解力。然而，不能忽视的是，这些实验考察的都只是单纯的意志力，所以在两次实验之间都留有休息时间。在实际生活中，技术工人所处的环境往往要求他

① 希尔德布兰德，《酒精对精神的影响》，柯尼斯堡，1910 年。

们持续保持意志力的高度紧张，不允许休息和暂停。酒精对这种不间断的意志力会产生什么影响尚未可知，还需要通过精确的实验来进行研究。

与特殊的心理学实验相比，可以用一种更简单的方式来解决经济和工业领域普遍关注的饮酒问题，那就是禁止工人饮酒。当然，这个建议的好处是显而易见的。实验室实验表明，个体每一项重要的心理机能的功能在饮酒后都出现了下降。这些结果以精确的语言支持了犯罪统计学、疾病统计学和遗传统计学中那些令人
230 震惊的结论。针对这种情况，有良知的科学家除了建议禁酒之外，似乎也提供不了什么更好的办法。毋庸置疑，酒精是人类文明生活的一大恶敌。因此令人遗憾的是，科学家必须承认，禁酒主义者的报告过于偏激，滥用心理学的所有研究成果，并不足以证明彻底禁酒的必要性。

首先，最新的实验已经清楚地表明，虽然饮酒的许多所谓后果已经为实验所证明，但是这些后果是在禁酒建议的影响下出现的，或者说被禁酒建议强化了。关于这一点，英国的一些实验清楚地表明，被试在不知道自己摄入酒精的情况下，并不会出现那些被认为是由于少量饮酒而导致的特定的心理障碍。当然，要进行这样的实验，前提是必须消除酒精的气味，研究者安排被试通过胃泵摄入饮料，从而成功地达到这一目的。在实验中，被试有时摄入的是清水，有时摄入的是稀释后的酒精，但被试并不知道自己摄入的是什么。在这样的操作下，摄入酒精的被试并没有出现少量饮酒后的常见反应。另外一个问题就更重要了。人们通常认为，只要摄
231 入的酒精达到一定的量，就会影响个体的工作能力。从经济生活

的角度来看，我们无权认为工作中心理能力的下降等同于个体经济价值的下降。当然，如果酒精的影响发生在刚刚开始工作时，上述观点可能是正确的。但是，如果在结束了一天的工作之后，饮上适量的啤酒，虽然会导致个体心理能力的暂时下降，但这种心理物理能力的下降更有利于他在一周或一年内的创造的经济价值总量的增加。不能否认，晚上的这杯啤酒会使大脑的某些抑制中枢暂时瘫痪，导致大脑不能如常运转，但如果只强调这一点，未免有失偏颇，因为这里只强调了酒精造成的伤害。从科学心理学的观点来看，我们必须认识到，这种心理物理系统特定部位的瘫痪是在注意力集中的时候开始的，在睡眠过程中达到顶峰，因此对人的大脑没有任何伤害。晚上喝一小杯酒会消除白天的运动神经兴奋的后效，对于一个健康的普通劳动者来说，没有什么坏处。它可能使人 232
意识模糊，但也使人淡化了白天的操劳和忧思，保证了夜晚的睡眠，通过这样的方式提高了第二天的工作效率。研究各种技术需求的系统实验必须把这种复杂的情境因素考虑在内。如果带有一定的倾向性，选取部分饮酒实验的结果，就匆忙地推而广之，在目前的知识结构下是不足为信的。①

或许，关于咖啡、茶、烟草、糖果等对产业工人的影响，我们知道的还太少了。很有必要对以上这些带有刺激性的产品进行深入研究，对其所含成分进行分解，分别分析每种成分带来的影响。举例来说，了解咖啡因对心理物理功能的影响，并不意味着了解茶或

① 有关酒精的科学研究详见乌戈·霍普的《关于酒精的事实研究》，慕尼黑，1912年。

咖啡的功效。除咖啡因之外，茶和咖啡还含有多种其他物质，其中的某些物质可能会改变咖啡因的原有作用。因而在这种情况下，必须首先单纯研究咖啡因的作用，再研究其他常规饮料的作用。最近，一项优秀的调查研究了咖啡因对各种心理活动和精神活动
233 的影响。[①] 通过实验研究了咖啡因对叩齿运动的影响后，我们发现咖啡因能起到刺激作用，有时动作先有一定延迟，然后再产生刺激作用。服用 1 到 3 粒咖啡因，兴奋时长约为 1 至 2 个小时，服用 6 粒，就能达到 4 个小时。稳定性测验表明，服用 1 到 4 粒咖啡因后，被试在随后几个小时内会有轻微的神经紧张，服用 6 粒，被试的稳定性就会明显变差。协调性的综合测试结果表明，饮用少量的咖啡因会产生刺激作用，而剂量过大，则会产生动作延迟。相应地，饮用少量的咖啡因能提高打字速度，大量饮用的话，则会降低打字速度。在以上的两项实验中，被试的绩效是依据错误次数来判定的，因而结果更为可靠。

生理兴奋的影响经常和社交娱乐活动的影响联系在一起。社交娱乐活动对经济生活的意义在很多方面还不为人知。在许多员工表现得比较安静的工厂里，比如雪茄制造厂，已经引入留声机播放音乐，或是鼓励员工大声朗读。从理论上讲，很容易理解上述安排。这是因为这些富有生气和活力的行为能够刺激员工的心理物
234 理活动。但是，只有实验才会告诉我们刺激是如何产生影响的？比如是如何影响注意力分配的，这是不可避免的。那么，这种刺激又是如何影响工作的不同阶段的？如何影响不同种类的工作的？

---

① H. L. 霍林沃思，《咖啡因对精神与电机效率的影响》，纽约，1912 年。

音调在多大程度上能起到令人兴奋或令人放松的效果？这种审美上的刺激需要多大强度、在何地、以何种节奏以及延续多久才能带来最好的经济效益？我们都看过这样的故事：在每间厂房都放入一只猫之后，原本疲惫不堪的女工们的工作绩效有了明显的提高。这是因为猫成了她们的一个鲜活的玩偶，大大刺激了她们的社会意识。如今，在现代慈善观念的压力下，很多工厂都把社交娱乐作为提高工人工作效率的一种方式，纷纷设立休息室，免费提供各种报纸期刊，在图书馆设立读者俱乐部，还组织短途旅行和舞会庆典等各种活动，这些都能够很好地提升员工的心理物理能量。同样，所有那些能促进员工团结、增强其未来职业发展安全感的社交活动也能够丰富员工的精神世界。

最后，作为最重要的因素，最直接的物质利益必须被考虑在 235
内。大量的政治经济学文献都在讨论工资、奖金、保险金、计件工资和养老金上涨的效果，欧洲更关注的则是国家保险。总之，经济调查经常讨论个人整体财政状况与工薪阶层的心理物理成绩之间的关系。这里，我们不再加以赘述，因为对这些问题的无休无止的讨论距离真正的心理学实验还非常遥远。不过，我们也不应忘记实验心理学在过去的几十年中积攒的经验。当第一次利用实验系统研究精神生活时，这门新兴学科的支持者和反对者都相信，新方法只适用于意识的最基本现象、冲动的感觉和反应。反对者则把这门质朴的学科和整个心理活动的重要问题进行对比，认为这门
新学科研究的内容狭窄，并且毫无必要。另一方面，支持者希望沿 236
着新学科开辟的道路继续前进，因为他们对通过实验（即使是最简单的实验问题）获得的精准结果很满意。然而，一旦这门新兴学科

开设了其独立的工作坊，人们将会发现，采用它的方法可以开辟很多新的研究领域，没有人能够预测我们在这些领域所能取得的成就。随后，实验方法开始转向研究注意、记忆、想象、情感、判断、性格、审美等相关问题。只要系统地加以应用，很快经济心理学的实验方法就不会仅仅讨论基本问题。当今，在调查领域完全不可能对心理因素进行准确计算，但是这种新方法会将它变成现实。

如果这种实验方法得以稳步推进，经济心理学家就会从以下这种模糊的问题中解放出来：当前工商业领域最重要的问题是什么？他们会从心理学实验室获得在非经济学视角下所得出的结果，从而使该学科得到系统的、稳步的发展。之前的许多心理调查或心理物理调查基本上触及工业成就方面的问题。例如：心理物理学家之前出于理论或教学的目的而进行的一些模拟实验，现在
237 被搬到了工业领域。领跑员不仅在运动场上发挥作用，在工厂里也发挥了作用。一名工人的节奏对其他人也会产生决定性的影响，因为其他人会本能地进行模仿。一些工厂甚至引入了自动化机器，其用意在于这些没有生命的领跑者会带动工人的心理物理系统，使其不自觉地模仿这些机器的节奏。与此相似，许多有关暗示和暗示性的实验研究也会借鉴经济领域的这种做法。对我而言，如今许多心理实验室所进行的关于目的的影响的研究也可以和经济生活联系起来。我们知道任务意识如何发挥作用能够影响指向目标的心理物理行为系统。实验可以告诉我们这种作用在何种情况下会得到增强，以及在何种情况下会得到削弱。教学实验也清楚地显示出，这种方法意识对工作目标的影响是什么，即使被

试特别疲惫，接近目标的感觉也会增强成就感。我们不难把这种 238
心理物理实验和任务中的问题以及奖金系统联系起来，这些也是当下工业领域中讨论最多的问题。现实生活中的案例成功地证明，只要不分配给员工数不清的工作，规定他在一天之中尽可能完成更多的工作，而是给他一份有限的、确定的工作，并且让员工在有限的时间内完成，那么员工就可以用同样的精力完成更多的工作。科学管理人士已经在实践中广泛应用了这一原理，但这一原理在工业领域能否取得同样的效果，还有待于心理实验的进一步检验。

虽然心理学理论不属于实验研究的范畴，但对于实验法的期待不会削弱心理学家对这些理论的兴趣。去年，一位早年当过工人的德国社会学家采用问卷调查法对工人的心理状态进行了调查。[①] 他的调查表包括 26 个问题，涉及工作的兴趣与乐趣、偏好、疲劳、工作时的想法、休闲方式、对薪水的态度以及情绪状态等等。针对采矿业、纺织业和五金行业的工人，发放了 8000 份问卷，回收的问卷超过 5000 份。可以从多个角度对这 5000 多份的答案进行 239
分类考察，如工人多种不同的心理类型，机器对工人的影响，工人对单调的态度，工人工作的乐趣和兴趣随着年龄增长的变化，以及疲劳变得更加明显的时间点等。这项调查凸显了工业生活中的许多心理元素，但个体之间的差异却没有能够以更典型的方式呈现出来。总的来说，这份以心理统计为基础的详细的心理调查让我们强烈地意识到，由于那些从未接受自我观察、从未接受撰写严密

① 莱文斯坦，《劳工问题》，慕尼黑，1912 年。

报告的培训的人可能会接受任何建议以及预设的观点，因此严谨的实验调查的效果要比从这些人手中搜集材料的效果更好。种种迹象都表明，实验法虽不是促进工业改革、提高工业效率的唯一途径，却是最有效和最可靠的方法，未来的实践将清楚地证明这一切。

第三篇　最理想的效果

第十九章　经济需求的满足 243

任何一种经济职能都与人们的精神生活息息相关。这主要是因为，工作是由个体的心智与性格产生的。基于这一点，我们可以讨论以下两方面。我们试图弄清楚，到底何种心智才与特定工种最为匹配，这种心智又是怎样创造出最大的工作产出呢？显而易见的是，经济活动的运行方式完全不同于工种与心智之间的关系形式。经济活动不同于其他任何活动的特别之处，不仅在于它包含个体的劳动和取得的成就，而且在于劳动成果满足了相当一部分人的需要，我们把这种需求称为经济。纯粹的工作表现以及工作中的注意力、疲劳、意志冲动和个人品质自身并没有构成任何经
济价值。例如，攀登冰山的冒险家所从事的就是一项非常艰苦的 244
工作，需要最大限度地集中注意力和意志力，然而登山的心理技术学分析并不属于经济心理学的范畴，因为纯粹的登山活动并没有满足经济需要。判断一项活动是否是经济活动的最显著的特征就是，它是否对人类灵魂产生特定影响。整个经济活动最终是由是否满足特定的心理需求决定的。因此对于经济过程而言，心理影响要比工人的心理条件（心理影响的起源）更重要。相应地，心理技术学的任务就是用精准的科学实验来考察如何能最简便安全、快速持久地实现这种心理影响，也就是满足经济需求。

但是，我们也应该清楚地看到，迄今为止，人们并没有朝着这
个任务做出丝毫努力以解决这个核心的科学问题，这个事实令人
倍感惭愧。如果关于心理影响的调查研究仅仅局限于最终满足经
245 济需求，科学心理学则毫无贡献，只能寄希望于未来的发展。乍一
看，我们似乎有许多文献是关于这方面的，这些文献有着丰富的调
查研究和充足的实证材料。一方面，政治经济学家研究经济价值
的理论，关于价格条件和奢侈品发展的调查研究，以及从快乐与否
的角度对经济价值的计算以及许多类似的研究都把经济过程和精
神生活联系起来了。另一方面，哲学家也有他们的价值理论，不仅
仅局限于道德和审美动机，同样也深深触及了经济生活。然而，经
济学家和哲学家的研究主要是提供理论指导，通过他们的理论我
们很容易就能推断出实践性的技术指导规范。如果我们知道在特
定条件下，某种需求可以得到满足，我们就可以认为，只要满足了
这些需求，我们就可以实现这些条件。我们必须把经济学家和哲
学家的理论观点直接转化成心理技术学的建议。

随着了解的深入，我们逐渐意识到，我们完全被表面印象误导
246 了。哲学家和政治经济学家在讨论价值问题以及满足人类需求的
问题时，他们用的是心理学术语，但是他们赋予这些术语（比如感
觉、情绪、意志、愿望、高兴、不高兴、喜悦和痛苦）的意义与科学心
理学的解释大相径庭。这里，我们无法讨论真正根本的问题，这些
问题在科学领域经常被人们随意忽略。心理学家经常把心理学看
作是可以系统涵盖所有内心体验的一门学科，同样作为圈外人的
经济学家也幻想着可以站在心理学的立场上采用心理学概念讨论
内心生活。但是，如果我们认真琢磨不同科学的真正概念和假设，

那就必须承认，我们可以从两个截然不同的视角看待人类经验。只有从其中的一个视角进行审视，人类经验才会变成心理学素材，才可以变成心理学研究的一个合适对象。而从另一个视角（这个视角对于理解内心生活来说非常有价值，也非常重要）来看，虽然在我们的表述中仍然会用到心理学的常用术语，但是人类经验本身恰是心理学无能为力的一种现实。 247

心理学家认为，人类经验是意识的一系列客体，所有概念、记忆、想象、感觉、情绪是意识形成的精神客体。心理学家的任务就是描述、解释这些客体，找到这些客体自然演替的法则。心理学家像自然科学家研究化学元素或者星星一样研究这些客体。不管心理学家把这些精神内容和大脑运行联系起来（一个理论这样认为），或者是把这些精神内容和潜意识过程联系起来（另一个理论这样认为），都没有任何区别。内心生活的特点在于它经常在我们日常交往中自然而然地发生。无论何时，当我们发掘周边朋友的经验或是描述自己的内心生活时，我们并不把这些心理经验当作意识的客观成分来进行描述和解释，而是将其看作个体的内心活动和对外部世界的态度，我们的目的不是要对其进行描述和解释，而是要对其进行诠释和理解。我们不是寻找内心生活的构成元素，弄清它的成因和后果，而是在探寻它们的内在联系和内在意义。总之，我们并没有把内心生活当作客体，而是视为主体的功 248
能，我们也没有采用自然科学家的那一套方法来对它们进行研究。

我们尝试去表达、去理解现实生活方式的意义，以及每一种意志行为（will-act）与其目的的关联，而非仅限于流行的方面；这会导向一种系统的学术探讨。这种探讨正是所有历史（如法律史、逻辑史)的基础理论。也就是说,如果史学家让我们理解过去某个人物存在的意义,只要人类的需要有待解释,史学家就会对过去的事情感兴趣,如果我们把这种基于真正历史学精神的解释称为心理学的描述和解释,那么它就是伪心理学。法学研究者解释的是立法者的意愿,他们并不会用心理学的内容来处理法学概念。逻辑学家并不关注精神中的意识客体,他们寻求意识客体的内在联系,并以此得出结论。总之,无论是进行历史学的诠释,还是进行逻辑学的推理,我们关注的是以切身体验呈现在我们面前的人类生活,
249 而非以人类生活为基础的心理学概念。另一方面,一旦心理学方法得以应用,人生意义是基于人类经验的说法就会被舍弃。相反,我们会把所有经验看作是一种因果体系。根据这种说法,精神生活得以重构。对于我们而言,精神生活不再是日常生活中所理解的概念。正如从化学角度来看,我们所喝的水不再是一种饮料,而是氢氧化合物。因此,对于两种不同的陈述,我们不再说一个是对的,一个是错的,而是说两个都是对的。我们完全有权根据我们自己的经验认为“水”是一种“清凉的饮品”;也可以赞同化学家的看法,认为“水”是一种公式组合;我们更可以认为两种精神体验的描述都同样正确。因此,我们对史学家和哲学家的讨论并无异议,前提是我们坚持认为史学家和哲学家所持的心理学概念不具备对精神生活的解释性描述,不是真正技术意义上的心理学。

250 史学观影响着政治经济学家的研究,他们在探讨个体的意志行为(will-act)、需要、愿望及其满足时,不是去进行描述和解释,而是试图去进行诠释和理解。他们可能去分析工人和制造商的动机,但不是把动机和冲动当作意识的内容来进行研究,而是当作有

目的的行为来进行研究。此类经济学研究的主旨是考察动作指向的目标的意义之所在，而不是构成动机的成分及其前因后效。对于动作意义的主观性描述，其问题在于正确的理解和诠释(interpretation)，而心理学家知道自己的任务不是去诠释(interpret)，而是去解释(explain)，他们在这个问题上是没有任何发言权的。如果在这类意志行为(will-act)和意图的诠释中，非要加入心理学的因果关系的解释的话，只会带来混淆和干扰。这种混淆和干扰在现代经济学的研究中俯拾即是。经济学家并非觉得心理学和他们当前要解决的特定问题毫无关系。相反，他们知道这世界上存在一种能够对人类心理进行科学解释的学科，他们模糊地觉得自己不能忽视心理学的存在。然后就导致了这样的局 251
面：他们不停地谈及冲动、本能、饥饿、渴、性需求，以及更高层次的战斗的需要、玩耍的需要、获得的需要、追求权力和社会影响的需要等，就像心理学家一样去讨论这些问题，并把生物以及生理因素联系起来，进行因果关系的解释。而当他们回到真正的问题中，诠释和探讨经济活动的意义时，又自然而然地撇开先前的心理学分析，从历史学和经济学的角度，大谈特谈人们之间的经济关系。所以从这个角度说，还谈不上心理学的科学方法在经济生活中的真正应用。政治经济学家所研究的需求和意志不是心理学家所关注的，因为他们对这些词的理解直接取材于现实生活，不同于心理学范畴的术语概念。因此，他们也难以从实验心理学的观点去考虑问题，并且对心理技术学(心理学家也同样热衷)的诠释性的讨论也没有做出任何贡献。无论政治经济学家用多么精准的语言去探讨价值问题，也不会符合心理学家的真正预期，要想为满足经济需 252

求的方式提供因果解释，心理学家们只有坚持自己的研究方法。

到目前为止，心理学家还没有用实验心理学的方法对感觉、需求和满意等名词的经济学意义进行研究。没有人能告诉我们应该怎样进行研究，怎样才能触及最本质的问题，因为正确认识问题的构成以及选择合适的方法能解决大部分问题。要想圆满解决从哪里进行研究、以及用什么方法研究这些问题，还有待科学的进一步发展。但不可否认的是，心理学的有些实验至少已经在向实际经济问题靠拢了。比如，在对拥有与获得的经验进行解释时，人们经常引用所谓心理物理学原理的一些研究结果，学习心理学的每个学生都知道这一原理，即：当两对刺激处于相同的对比关系时，个体对于这两对刺激差异的主观感觉是相同的。举例来说，将蜡烛从 10 根增加到 11 根，个体所感觉到的亮度差与从 50 根增加到 55 根、从 100 根增加到 110 根、从 500 根增加到 550 根是一样的。
253 也就是说，10 根与 11 根之间的 1 根蜡烛的亮度差异在主观上相当于从 500 根到 550 根之间的 50 根蜡烛的亮度差异。相应地，心理学家认为，这种不同差异带来的同等感觉也适用于财富的增减。也就是说，一个拥有 100 美元的人再得到或损失 1 美元，一个拥有 10 万美元的人再得到或损失 1000 美元，这两人获得或失去的心理感觉是一样的。在这里，金钱的绝对价值无关紧要，增长和减少的相对价值是影响心理的决定性因素。另外，有些与感觉相关的实验研究也与经济问题密切相关。例如，关于感觉比较以及感觉相对性的研究就与经济问题有关，经济增长在多大程度上能够刺激并满足不断产生的新需求，从而增加人类的愉悦感呢？换言之，社会学家深信，随着社会的现代化，技术也越来越复杂，技术带来机械化，使人们的生活更舒适，个人生活质量也得到了提高，但是这也会带来个人生活质量的波动，那么带来的快乐和痛苦的量是一样的吗？这种说法在多大程度上是正确的呢？如果这种说法正确的话，那就意味着技术进步并没有带来快乐的增加。

有少量实验调查是关于感觉之间相互影响的，我们也可以把这些实验调查归于此类。如果单独呈现声音、光线以及触摸这三 254
种刺激中的任一种，个体都会产生一定程度的主观感觉，当把这三种刺激以不同的方式进行组合、呈现时，就可以通过实验考察被试愉快或不愉快情绪的典型变化。由这些常规实验出发，我们不难设计出更为复杂的实验，来对不同感觉体验之间的相互联系，尤其是愉快与不愉快情绪的组合关系进行研究。这可能会加深我们对于价格制定过程的理解，因为价格取决于得到物品的愉悦和失去金钱的不快。经济需求的满足在什么条件下能够达到最佳效果？未来的心理学研究或许能够提供这一答案，但我们目前的科学研究水平距离这一目标还很遥远。再宏伟的蓝图也需要细细着墨，让心理学家现在就拿出最优的研究方法，还有点为时过早，强人所难。

255

第二十章　有关广告效果的实验

前面我们已经说过，要从实验心理学的角度来讨论如何保证经济生活的最终效果，即确保对经济需求的满足，现在还为时过早。如果这是唯一有重大经济意义的效果，那么本书的后半部分就没有什么意义了，因为本书要探讨的，除了前文讲的如何挑选最合适的人和最合适的工作外，就是如何达到最佳的效果。然而，那些终极目标在经济进程中并不是唯一的重要的心理效果。我们往往需要不计其数的工序在不同的时空条件下进行密切合作，才能实现经济运行的最终目的。举一个简单的例子，如果我们在一间茶室内饮茶缓解口渴是最终的心理效果的话，很显然，为了达到缓解口渴这一最终的心理效果，在此之前就必须要完成数以千计的
256 工序。为了把茶、糖和柠檬端上餐桌，同时提供瓷杯、银匙等工具，工人、制造商、出口商、进口商、仓库保管员、推销员和顾客都得通力合作。这些服务于经济需求的工序只有对人类心理产生重要影响，才算是起到了真正的作用。例如，某位店主用陈列品和海报来吸引客人，这些宣传媒介本身并不能满足人们的经济需求，但它们通过影响人们的心理来实现服务于经济的目的。它们必须能吸引路人的注意、给读者留下印象、刺激人们的购买欲望，达到这种效果并不是最终目的，因为没人会愿意单纯地阅读广告。当推销员

影响顾客购买产品，这种产品可能日后会帮助顾客满足他们的经济需求，推销员的推销艺术就会产生心理影响，但同样，这种心理影响本身并不是最终目的。制造商可以影响自己的员工更加专注、努力地工作，社会可以激发人们购买奢侈品的欲望，或者存钱的欲望，这些会对人们产生心理影响。虽然产生这些心理影响本身并不是最终的经济效果，却具有重要的经济意义。

取得这些心理效果是满足经济需求的合理而又必要的步骤， 257
应用心理学的职责就是运用心理学的经验和精准方法为其服务。我们强调这些步骤必须是合理而又必要的，因为心理学的方法也可能被用来达成某种不必要的目标、满足某些没有真正价值的需要。心理学的规律也可能被别有用心的人用于商业欺诈或者广告，从而引发不公平竞争。如果某个心理技术专家的实验成果被不道德的人所滥用，那他本人是不应该受到责备的。这就类似于某些无政府主义者利用炸弹制造了人员伤亡，但不应该归罪于研究炸弹制造的化学家一样。但正如我们之前强调过的，心理学家虽然不能以自己的观点来决定事物的最终价值，但是作为人类的一分子，心理学家应该从追求社会福祉的角度出发，去追求那些合理正确的目标。

为了更全面翔实地解释心理技术学的这一原则，我们至少要举出一个案例来进行说明，我这里讨论的是一个关于广告的案例，我们已经在心理实验室采用相对系统的方法对这个问题进行了较为深入的研究。针对商业印刷广告，我们已经开展了一系列较为 258
深入的实验研究，研究它的记忆效果、注意力效果、暗示效果，以及其他心理效果。研究者一开始就表示出对这样的研究的反对，这

一点我们不能忽视。刊登在报纸上的商业广告看起来非常微不足
道，完全是为了牟利，而让心理技术学家去研究这些内容，有点降
低身份，简直像是高射炮打蚊子，是在浪费科学家的时间。一方
面，从严格的理论观点来看，没有什么是不值得深入研究的。最脏
的化学物质可能具有最重要的化学意义，最丑陋的昆虫可能对生
态学意义非凡。另一方面，如果从应用科学的实践观点出发，这种
研究的重要性就在于它可以直接用新知识满足人类强烈的需求。
当今社会组织有序，商业广告必然能够满足人类某种需求，每年数
十亿的广告投入也反映了人类对广告的强烈需求。按照金额计算
259 的话，广告已经成为在经济上最重要、最庞大的行业之一。因此，
科学家认为有必要对它的行业根基进行考察，也就不足为奇了。
但令人吃惊的是，其他任何一种大型行业都会利用科学指导其发
展，而广告行业在缺乏科学精神指导的情况下，竟然发展到今天这
么庞大的规模，这是令人十分惊讶的。科学的功能就是研究白炽
灯、煤气发动机的物理原理，制造出在经济上最令人满意的设备服
务社会。从国民经济学的角度出发，科学地研究广告的效率，从而
使广告能够发挥其自身最大的效果，也同样具有重大意义。至于
这类实验能否激发理论科学家的兴趣，那就无关紧要了。对于我
们来说，广告只是一种满足人们特定需求的工具，它通过作用于个
体的心理来发挥作用。心理学家的任务就是确定这种工具在什么
条件下能够最大程度地满足人们的需求。

一则适应性很强的广告所发挥的心理影响是多方面的。它能
直达内心，唤醒记忆。不管是出现在街头巷尾，还是印刷在报纸
260 杂志上，广告的内容并不是直白地告诉我们去买什么商品，而是

让我们在记忆中存留广告的印象，唤起购买欲。所以，广告越鲜明生动，个体的记忆效果就越好，广告就更有价值。但是一些关于广告艺术的实践性书籍里经常认为，对记忆的这种影响等同于对注意力的影响，心理学家对此并不完全认同。广告可能强烈吸引读者的注意力，但是这种极具特色的内容可能不会加深记忆力，比如电影片名或文章的标题就不会使记忆力加深。纯记忆价值特别重要，依据一则众所周知的心理学法则，纯粹的识别力带来的快感能够立马让人想起被识别的这个物品。在商店里，面对众多的厂商和品牌，顾客可能无从分辨这种商品比另一种要好多少，但如果其中一种商品的名字曾通过广告反复进入顾客的意识中的话，它就足以唤起一种似曾相识的亲切感，这种感觉会激发人们的愉悦感，从而增添了商品的吸引力，导致客户选择该商品。记忆价值带来的间接帮助在经济上的作用不亚于推销员的现场服务。

为了制造一种强烈的记忆效果，广告必须是简单易懂的。心 261
理学实验室的实验可以针对同样尺寸但有不同设计的同一商品的广告，精确地测量出人们理解这些广告需要多长时间。它也能清楚地表明，如果对广告进行略微变动，人们对广告的理解是变得容易了，还是变得困难了。在各种广告设计失误中，由于读者不能快速理解而带来的损失是最为严重的。实验室借助时间测量技术对广告的颜色、类型、措辞以及每个要素都进行了分析。如果我们以千分之一秒为单位测量识别广告中的特色内容需要多长时间，我们就可以发现哪些内容是通过简单判断所无法区分的，但这些内容又在现实生活中具有重要的影响。广告的读者越多，其失误的后果就越严重。

进一步来说，我们必须强调广告内容的生动性，生动的内容可能对记忆力产生影响。改变尺寸自然是增加生动性最常用到的手段，但是只有相对尺寸才具有决定性作用。实验表明，对比杂志中刊登的对开整版广告，它的效果并没有四开本杂志上刊登的四开
262 整版广告好。因为读者会根据广告的尺寸相应地调整阅读时间。决定广告效果的除了尺寸，还有独创性、不同寻常的形式、生动的色彩、空白空间的巧妙处理、广告引发的联想、幽默、好奇、同情或反感等。每一种因素都能在无形中加深对广告内容的记忆，商品价格或相似因素的突然变动就是依据这一原理来进行的。

我们必须承认，除了内容容易理解以及能给人留下生动印象之外，重复频率也是一个同等重要的因素。我们从日常生活经验中知道，当一则平淡的广告每天在报纸的同一位置，或在每一个街角出现时，它就能进入我们的脑海，留下深刻的印象。但是在心理上起决定作用的并不只是对于印象的重复，而是由这种重复所带来的注意力刺激。如果我们第二次、第三次、第四次接受广告信息时留下的印象与第一次接受广告信息时的印象一样被动和漠然，那么，次数的增加并不足以形成一个强烈的印
263 象。如果第二次阅读广告时留下的印象唤醒了认识意识，那么就会刺激注意力。通过这种刺激，我们就主动重复了一遍对广告的印象。由于这种主动的重复，我们对广告的记忆就会变得更加生动有趣。

我们可能会问，如何才能运用心理实验的方法对这些因素进行测量呢？举例来说，斯科特(Scott)研究了广告版面大小的直接

影响。[1] 他剪下各类杂志，以及各种文章内刊登的广告，汇编成一本 100 页的册子。一共有 50 名被试参加实验，他们对实验目的一无所知，实验要求他们用大约十分钟的时间像浏览杂志的广告一样翻阅这本册子。他们翻阅完毕之时，要求他们写下他们能记得的内容。采用这种方法对 50 名被试的测验结果表明，每则整版广告的平均提及次数为 6.5 次，每则 1/2 版广告的平均提及次数少于 3 次，每则 1/4 版广告的平均提及次数略高于 1 次，更小尺寸的广告平均被提及的次数只有 1/7 次。这一系列的实验结果表明，每则 1/4 版广告的记忆效果远小于整版广告记忆效果的 1/4，每 264
则 1/8 版广告的记忆效果又远远小于 1/4 版广告记忆效果的一半。也就是说，1/8 版面广告的广告商所收到的记忆效果远远不到整版广告记忆效果的 1/8，甚至连 1/20 都不到。我们也采用了其他形式进行了上述实验。我们还需要研究尺寸和重复的关系，作为对上述实验的补充。最近，我在哈佛大学实验室进行了一系列实验。为了进行实验，我从《星期六晚邮报》和《妇女家庭杂志》上剪下一些广告，作为实验素材，粘贴在 60 张对开的优质底板上。这些广告的大小从整版到 12 开本不等。其中，6 则整版的广告各出现一次，12 则对开本的广告各出现两次，以此类推，4 开本的广告各出现 4 次，8 开本的广告各出现 8 次，12 开本的广告各出现 12 次。这些广告是从 12 本杂志上剪贴过来的。在剪贴过程中，同一页上绝对不会出现同样的广告。除了整版广告之外，每一页的内容都是不同广告的拼接组合。很明显，这样安排的结果就可 265

① 沃尔特·迪尔·斯科特，《广告心理学》，波士顿，1908 年，第 166 页。

以保证大小不同的广告所占用的整体版面是相同的，某个8开本的广告出现8次，就相当于占据了一个整版的版面。在我们实验所采用的60则广告中，彼此之间不存在占据版面上的优势问题。

本次实验选取了30名被试，要求他们严格按照每页20秒的速度来浏览这本60页的广告册，翻页的时间为3秒，这样可以留出足够的时间让被试把上一页翻过去，然后浏览下一页的内容。按照这样的方法翻阅整本书的时间为23分钟，然后要求被试立即写下他们所能记住的内容，包括公司的名称和广告的内容。如果被试只记住了公司的名字或者只记住了广告的内容，我们把这个结果标记为1/2。在这个过程中，我们发现有显著的个体差异，不仅仅是由于不同个体记忆力差别所致，而且是由于他们在阅读广告时所产生的兴趣不同所致。效果最差的被试记下的广告数量为18则，其中还有14则只能算是半对。也就是说，被试只是准确记住了公司名称或广告的内容，这样的情况我们给他记0.5分，全对
266 的记1分，该名被试的得分为11分。记忆效果最好的被试记住了46则广告，其中只有6个是半对。

如果据此将所有被试的成绩加在一起，除以被试的人数30，再除以广告的数量60，我们就可以得到一则广告的平均记忆效果。最终的计算结果表明，该数值为0.44。但是，我们的真正兴趣在于考察不同尺寸广告的记忆效果。我们采用了相同的方法，不再计算所有广告的整体记忆效果，而是计算不同尺寸的广告的记忆效果。结果表明，整版广告的记忆效果是0.33，出现两次的对开本广告的记忆效果是0.30，对出现4次的4开版广告的记忆效果是0.49，对出现8次的8开版广告的记忆效果是

0.44，对出现12次的12开版广告的记忆效果则是0.47。由此可以发现，出现4次的4开版广告，其记忆效果大约是整版广告的$1^{1/2}$，是对开广告的2倍。而随着尺寸的进一步减小，记忆效果并没有同等比例地增加。实验被试中，2/3为男性，1/3为女性。从整体上看，男性被试和女性被试的测试结果也呈现同样的比例分布，但男性被试对出现4次的4开版广告的记忆效果最好，记忆效果达到0.51，高于女性的0.45；而女性被试对出现8次的8开版广告的记忆效果最好，平均记忆效果为0.53，高于 267
男性的0.37。

如果整版广告在过去不为美国读者所熟知，我更相信从整版广告到四开版广告再到八开版广告的记忆价值曲线会呈现不断上升的趋势。整版广告确实有其天然的优势，但如果我们变换一下计算方式，整版广告的这种优势就不复存在了。我们研究了30名被试最先写下的10项内容，据此考察了广告尺寸、重复次数与记忆效果之间的关系。一般来说，被试在写出最初的10项记忆内容时，往往速度很快，几乎不假思索，其中也包括一些半对的内容。我们把30名被试最先写下的10项内容汇集到一起，一共是300条内容，从而计算这60则广告被记住的几率是多少。结果发现，在被试最初写出的10项内容中，整版广告被记住的概率是0.5，出现两次的对开版广告被记住的概率是1.2，出现4次的4开版广告被记住的概率是2.9，出现8次的8开版广告被记住的概率是2.3，而出现12次的12开版广告被记住的概率则是2.4。结果 268
可以看出，重复次数明显比单纯的尺寸更有优势。但与此同时，我们也再次看到，当一则广告的尺寸大小降低至某一水平时，即使增加其出现的次数,广告的记忆效果也会下降。所以,12 开版广告出现 12 次的记忆效果不如 4 开版广告出现 4 次的记忆效果。如果斯科特(Scott)关于广告尺寸的实验与我的关于重复次数的实验都正确的话,那么从经济角度来看,广告的记忆效果可能就取决于较为复杂的条件了。一个商家在一家拥有 10 万读者的报纸上投放整版广告,要比在 4 个城市的 4 家同样拥有 10 万读者的当地报纸上投放 4 开版的广告,更有效果。但是,如果他只在其中一家当地报纸投放 4 次 4 开版的广告,效果会比在这家报纸上仅仅投放一次整版广告要好。

当然,这个结论仅适用于只考虑尺寸大小和出现次数的情况。在大多数情况下,我们还需要考虑其他诸多因素。有的实验也可
269 以采用我们的实验材料,对某些因素进行研究。比如,依据我们的研究结果,就可以分析广告类型或语言暗示对记忆效果的影响,插图对记忆效果的影响,他们对记忆加深了多少,或者他们分散了多少读者对商品名字和对象的注意力,各种因素对男性和女性有何不同的影响等等。另外有些问题需要采用完全不同形式的实验来进行研究。比如,我们可以考察特定的对比反差、特殊的背景、不规则的边框以及新颖的标题对于广告效果的影响。心理学家也应该对广告的投放位置予以关注,因为投放在杂志封面和报纸的阅读材料周围的广告,费用通常会更高。在这两种情况下,注重实效的心理动机明显起到了决定作用,因为封面往往会更容易进入读者的视野,而阅读材料周围的广告也往往不容易被读者所忽略。

但是人们往往很难意识到,广告投放在报纸上的位置不同,对

读者心理的影响也会有所不同。斯塔其(Starch)[①]进行了相关实验。实验并没有采用真实的广告作为实验材料,而是采用一些毫无意义的音节,这样可以消除观众对广告的熟悉度对实验效果的影响。他编排了一些小册子,每本 12 页,在每页纸的中间打印了一些诸如 lod,zan,mep,dut,yib 之类的无意义音节。要求 50 名 270
被试快速浏览后,写下他们所能记得的音节。结果发现,有 34 名被试能记住小册子第一页和最后一页中的音节,约 26 名被试记住了第 2 页和第 11 页中的音节,平均有 17 名被试记得中间 8 页的音节。在接下来的实验中,他在每一页的上半部分和下半部分的中间分别印上一个音节。结果表明,在被试所记住的音节中,有 54%是位于每页纸的上半部分,有 46%位于每页纸的下半部分。最后,他把小册子的每一页都分成四等份,然后分别在四个部分的中央位置上都印上一个音节。结果表明,在被记住的音节中,28%来自于左上方位置,33%来自于右上方位置,16%来自左下方位置,23%来自右下方位置。同样一则 4 开版广告,如果印刷在报纸的右上方位置,对读者心理产生的影响比刊登在左下方位置的影响高出 2 倍以上。商业界每年刊登在右上方和左下方位置投放的广告数以百万元计,但他们没有意识到,这两个位置的记忆效果相差一倍。这些小小的广告实验足以表明,虽然这种随意的做法早 271
已被心理技术领域和化学工艺学所淘汰,然而在整个经济心理技术学领域,这样随意投放广告的现象仍然随处可见。

① D. 斯塔奇,“择优心理学”,载《明智的广告》,纽约,1909 年 11 月。

272 第二十一章　陈列的作用

如果从日常的报纸广告出发来讨论一般的宣传手段，我们首先就会面临一个大多数人都会误判的问题。实用广告与陈列方法手册认为，每一次展示都要尽可能漂亮，这是一个不言而喻的事实。首先，我们不能否认，那些丑陋甚至令人作呕的事物确实拥有一种引人注目的强大力量，但事实上，对广告的厌恶感会很容易转变为对产品本身的不满。另一方面，认为纯粹的美感最能达到广告效果的观点也是大错特错的，制作海报的绘图员们应该放弃创造一幅完美图画的念头。一幅完美的图画可能会有引人注目的能量，但很难服务于其真正目的，也就是让人们关注图画想要传达的文字内容。美的妙义在其自身的完整性，图画的美在于其自身，而
273 不在画外。一幅真正完美的风景画，其终极价值就在于画本身，虽然风景对绘图者在视觉上产生了刺激，但其终极价值并不在于勾起到此地旅游的现实愿望。如果展览是为了服务于经济利益，那么每一个线条、每一条曲线、每一种形式、每一种颜色都必须满足如下任务的完成，也就是要解决现实问题，并采取切实行动。这就与艺术的要义大相径庭了。完美的艺术抑制一切行为，艺术家不会让我们觉得自己正在欣赏一件暗示现实态度的物品，艺术品的美学形态要适应于其美学目的，要能够抑制现实欲望。如果展览

想要充分达到其经济目的，那就必须是令人愉悦的、有品味的、和谐的、富有暗示性的，而不应该是漂亮的。如果广告展示在艺术上跨越了艺术品和工艺品的界限，就会失去自身的经济价值。当然，这与广告内容应该尽可能做得漂亮并不矛盾。展示的漂亮并不意味着要有漂亮的展示，就像一幅非常漂亮的图画并不需要有漂亮的内容一样。一幅漂亮的图画可能画的是一个长相丑陋的人。

我们还未谈及宣传手段的暗示力量。我们都知道，暗示能够 274
影响味觉和嗅觉、社会虚荣心、本地自豪感、赌博冲动、对疾病的本能恐惧，尤其是性冲动。这种力量能够影响任何一个地方毫无批判能力的大众，他们的心理物理态度让暗示的影响更加生动，让人难以抵抗。同时我们也知道，为了达到这种暗示效果，通常会借助一些巧妙的语言形式作为辅助，其目的就是为了抑制反向的冲动。命令语气的单独使用肯定会让这一语言形式逐渐失去其效果。各种各样的次要因素是怎样增强或者削弱某种形式的暗示力量的？这是服务于经济领域的心理技术学所要研究的问题。例如，一个电子广告牌忽明忽暗的闪烁，就会对人的心理生理产生强烈的影响，那么这个闪烁电子广告牌又是如何影响暗示的效果的呢？对于暗示而言，图片中不停闪烁的部分又有什么价值呢？

心理学家同样感兴趣的还有橱窗展示、样品分布以及相似的商业传播媒介等。它们都不是单纯通过图片和描述，而是通过提供商品本身来影响潜在客户的意识。同样，这里的每一个因素都 275
应当被独立地拿出来进行研究，并且依据心理技术学的法则进行研究。这里最显而易见的元素就是所呈现材料的数量了。心理学家会问，所提供材料的数量是如何影响注意力的？极度的快感、重复的审美印象、多方面选择的联想思维、以及纯粹的视觉扩张在多大程度上影响人们的印象？在任何情况下，只要人们认为物品的数量越多越好，实验心理学家就会面临这样一个现实的问题，即如何展示物品的多样性，才能保证物品的数量不会被低估，甚至可能被高估。再一次强调，我们不可能利用橱窗展示或真实的展览来进行实验室里的实验，但是我们却可以利用简单的实验方法来探索这些活动背后的原理。

例如，哈佛大学实验室进行了一项研究，测试各种因素对人们判断所看到的物品数量的影响。[1] 实验的目的在于考察物体的形状、大小和分布如何让一组物品看起来更多或者更少。在实验开始时，实验人员对比了两组卡片，第一组是置于黑色背景上的 20
276 张小卡片，第二组卡片的数量从 17 张到 23 张不等。起初，我们不断地变化这些小卡片的形状，比如我们采用了三角形、正方形和圆形等不同形状；或者改变它们的颜色，采用深色或浅色，不饱和或饱和的色彩；或者改变排列的顺序：有时卡片排成有规律的一排，有时卡片的摆放非常紧凑，有时卡片的摆放非常松散，有时卡片的摆放非常不规则；或者变化它们放置的背景、边框或者摆放的时间等等。在每次实验中，被试都需要判断，与第一组的卡片数量相比，第二组卡片的数量是多了，还是少了，还是相同。实验结果表明，这种对比判断的确受上述各个因素的影响。如果实验结果显示不规则的摆放会导致卡片的数量看起来更多，或者说紧凑的摆放会导致卡片看起来更少，那么商人就可以从上述研究成果中获

① C. T. 伯内特，“数的估计”，载《哈佛大学心理学研究》，第 2 卷，第 349 页。

利。例如，珠宝商想在橱窗中展示戒指和手表，商品数量不多，但期望给人留下琳琅满目的印象。他可能缺乏心理学知识，不知道
是应该把戒指和手表分开摆放，还是应该混合摆放；他不知道应该 277
选择与展品颜色一致的背景，还是应该选择与展品颜色形成对比的背景；他应该给某个展品设置一个特殊的背景，还是不设置特殊背景。他不知道，通过特殊处理就可以改变单个展品在视觉上的大小，而要实现这一点并不难。如提供适当的背景，他的展品看起来就会显得大一些；或者有意通过周围环境的对比，他那些精致的展品看起来就会显得更小一些。当然，以上这些都是简单的小把戏，但是同样的基本心理学法则既适用于街头商店，也适用于向全世界展示一个国家。关键是我们要把这些观点清楚地呈现出来，即使是在最微小的事情上也可以加以利用。需要补充的是，即使在最不重要的案例中，如果我们只采用一两个被试，草率地进行一些实验是不可能得出任何有价值的结果的。

所有生理心理光学都能够提供类似的帮助。颜色协调与对比的问题、光强度问题、同色物体间的相互支持问题、灯光的照射问题、灯光的深度和透视问题对于橱窗商品的有效展示都是非常重要的。很容易就可以把这些实验室中的研究结果转变为心理技术
学的问题解决方案。现在更为重要的是，要将人类产生的印象中 278
的纯光学因素和美学因素区分开来。关于海报广告，我们一直强调要展示出产品畅销的一方面。一旦把商品的展示变成了艺术的展示，那就会在受众的心理上产生抑制作用，人们便不再产生实际购买欲望。美好的事物的确有很强的吸引力，它还有一种暗示力，把我们的感官从周围环境中抽离出来，迫使我们在它所提供的环

境里迷失自我。正是由于这样的过程，展示的内容被孤立地隔绝于我们现实利益之外。我们的欲望平息了，我们不再寻求建立与商品的个人联系，我们成了崇拜艺术品的观众，广告也因此没有了所期望的经济价值。因此，任何一个想要研究陈列和展览的心理技术学的人，都必须研究有关审美刺激、暗示、光照效果、色彩效应、形式效应、运动效果、以及统觉与注意力方面的心理学，也不能忽视与幽默、好奇、本能和情感有关的心理学。在这里，同样也只
279 有实验心理学的方法，才能引导我们从基于个人喜好的偶然性行为转向系统化的建构。只有这种系统化的建构，才能最大限度地服务于经济目的，产生最佳的心理效果。

布置橱窗的店主面临的问题和把产品销往世界市场的制造商所面临的问题一样，他们都必须从一开始就关注同一问题，即如何利用商品的外观刺激人们的购买欲望。在工厂里，人们也认真思考过这些问题。在那里，心理因素起着至关重要的作用，但也最令人困惑。我也曾收到过一些工厂生产的产品，产品是一样的，但是包装却各式各样。这些产品包括肥皂、糖果、信纸、早餐以及其他经零售商处理过的商品，它们的销量取决于顾客光临商店时的倾向和喜好。我们还收到每一件商品对应的外包装和标签，同时还附带一份描述该产品如何畅销的机密报告。例如，某种巧克力在
280 销售时，就张贴了 12 种不同的标签。其中一种在国内特别畅销，而另一种却全部滞销，张贴了其他 10 种标签的巧克力的销量处于二者之间。这 12 种标签上的外包装都采用了以美丽的风景为背景的美女图片。如果仅从审美角度来看的话，所有形式的包装都处于同一水平，某些颇具审美水平的观察者甚至认为，某些滞销商

品包装上的图片要比一些畅销商品上的图片更好看。图片和巧克力之间的内在联系一旦形成,就可能产生两种情况,一种情况是心理上的和谐感产生了巨大的暗示力量,另一种情况是产生了内心不安和内在干扰,继而产生了抑制作用。一个图片放在糖果的包装上可能不太成功,但是放到烟草包装上可能会取得巨大的成功。从这个基础出发,实验室就可能会对迄今仍无科学理论指导的经济领域进行系统的实验。通常只有人们的基本需求被侵犯,人们才会去考虑外在形式对于大众有意识行为的心理学影响。例如,原本想给人留下轻松印象的物品被涂上了沉重的色彩,或者想让人觉得沉重的物品被涂上了轻松的色彩;如果书脊上的书名是用 281
古体书写的,过往的路人往往很难认出书名。在现代社会,诸如此类的违背心理学原理的荒谬言行仍然到处可见,充斥于我们的生活。

282 第二十二章　关于非法仿造的实验

若我们此时转向心理技术学的一个分支领域，或许也颇有意义。此前举出的所有实例都只是涉及经济领域，但我们不应忘记，这些工商业中的问题同时也与合法权益息息相关。为表明实验中相关问题的复杂性，我们最后来讨论一个法律层面上的问题，即产品包装和标签的问题。只要制造商模仿市场上大众青睐的产品的外在形象，所有商品的包装、封面、标签、商标和名称就可以刺激客户的注意力和想象力，起到暗示的效果，从外观上轻易获得预期的心理效果。如果公众因为内在价值或大量的广告宣传而熟悉或喜
283 爱某件物品的话，只要竞争性的商品采用相似的名称或包装，就可以大受裨益。当然，法律保护商品的商标权益，受害者也可以对仿造行为进行起诉。但是没有一项法律可以界定多大的相似度是法律所不允许的。这就导致在现实生活中，对于该问题的判定显得尤其困难。

如果禁止销售与市场上已认定的商品相似的所有商品的话，不仅会导致粗心的客户出现困惑，而且会导致任何一个已经在某领域存在的商品形成垄断。假如市场中已经存在某种打字机、汽车、铅笔或是矿泉水这样的产品，即使新型打印机或新型铅笔进入市场时采用了一种新的形式、颜色或者名字，考虑到顾客由于粗

心，可能会把相似的产品认错等原因，新的商品可能也无法进入市场。另一方面，若仿制品与市场已有商品差别很细微，只有调动脑力、认真观察细节才能发现的话，如果法律上认为该仿制品是合法的，那么消费者在购买商品时就会没有任何安全感。

对于以上两种极端情况，似乎所有国家给出的司法裁决都是
摇摆不定的，这不免令人担忧。理论上来说，“人们一致认为，当商 284
品的商标、名字、标签或者包装和另一件商品非常相似，足以欺骗
普通消费者（他们不像那些经常购买该商品的购买者一样留意该
商品）时，就构成了侵权行为”。但在特定的侵权案件中，对这样的
声明的理解取决于贸易专家和法官的判断，因为人们对“消费者需
要留意的程度大小”的理解大相径庭。有时，人们期望消费者能够
尽可能地留意最细小的差异；而有时，人们又理所当然地认为消费
者无法辨别有很大差别的产品。很明显，在尚未对人们的心理活
动进行系统研究的情况下，这种不确定性会干扰整个交易活动，而
且也很难消除其影响。仅仅讨论顾客的注意力，顾客挑选与决定
的能力，以及根据流行的常识心理学判断顾客的习惯和观察力，是
无法准确界定标准和界限的。非常重要的问题在于，虽然市场上
的仿制品具有道德上的瑕疵，但即使是最诚实的制造商在某种程
度上也不得不模仿之前的产品，因为他们指引了大众的口味和习
惯。如果制造商无视潜在顾客的心理倾向，该公司的商品销售则
会遭受不必要的损失。根据现有的经济和法律情况，我们面临以 285
下问题：是否可以设计一些方法对可容许的相似度进行准确测量。
这个问题对准确度有一定的要求，答案自然而然就指向了心理学
的实验方法。来自芝加哥的罗杰斯（E. S. Rogers）先生针对这一

问题，从法律层面上进行了深入研究，[1]也使我首次注意到了该问题上的心理学困境。

在哈佛大学心理学实验室针对以上问题进行研究时，我就清楚地认识到，通过心理学家及心理实验室的研究方法，我们是无法帮助法庭确定消费者所应当付出的注意力和慎重程度的。如果我们通过实验尝试去发现某种程度的相似性（人们能够对其进行辨别的相似性）与某种水平的注意力（足以发现假冒产品的注意力水平），这是没有任何意义的。这种发现往往随意性很大，它们不是
286 由自然条件所决定，而完全取决于社会认同。在大小不等的相似度中，我们必须确定一个范围，作为不可逾越的界限。这一决策超过了心理学的范畴，而心理学家的目标只能是确定这样一个范围，帮助人们的决策具有可比性，也使标准的建立具有可行性。实验并不能从心理现象的研究中推断出怎样的相似度是可以接受的，但是它可以发明一些方法，辨别不同等级的相似度。一旦选出某种特定的相似值，就可以保证这种相似值具有客观上的确定性。我尝试了许多次，虽然有很多次都失败了，但我最终确定了下列实验形式，希望可以帮助我们达成目的。

我们安排被试持续观察一组物体一段时间，然后在特定的时间间隔后，我们提供另一组物体进行比较。除了其中的一个物体不一样之外，第二组与第一组的物体是完全一样的。这个不一样的物体和第一组的物体非常相似。我们的目的是发现被试需要多

① E. S. 罗杰斯，“粗心的买方：商标侵权的心理学研究”，载《密歇根法学评论》，第 8 卷，1910 年。

长时间才能发现这个不一样的物体。这里，我要详细介绍我们正
在进行的这一系列实验。在实验中，我们使用了上百张不同种类
的明信片，每一种类中包含一个或多个类似的明信片。明信片通 287
常是成套生产的，因此不难买到各种成对的相似的明信片，比如两
张圣诞树图案的明信片、两张复活节彩蛋图案的明信片、两张足球
运动员图案的明信片，或者森林景观图案的明信片。它们的差别
不一而足，有的是颜色上的细微差别，有的是图片位置上难以察觉
的不同，也有的虽然主题或图像布局相似，但外观差别明显。实验
第一步是通过百分比来确定每一对卡片的相似度。为避免任意
性，我们邀请 30 到 40 名受过良好教育的人士来对成对卡片的相
似值进行判断。完全相同的一对卡片，相似值为 100%，而一张彩
色鲜花图案的和一张黑色的街景图的相似值为 0。我们把判断结
果的平均值当作一组图片相似度的客观数值。在得到这些标准数
值后，我们进行了以下实验。在一个黑色背景的物体上方呈现了
6 张不同的明信片，被试可以从一个自动关闭器上看到这些明信
片，5 秒钟之后，自动关闭器会自动闭合。这 6 张明信片上的图案
可能是风景、建筑、头像、风俗画等等。20 秒钟之后，我们会再次
呈现这组明信片，但是我们用另一张类似的明信片替换了其中一
张，如果替换图片与原来图片的平均相似值是 80%的话，假定我 288
们有 10 位被试，那么可能有 7 位被试能够发现这种替换，3 位被
试不能发现这种替换。我们很容易就可以变换实验中的一些因
素，比如将卡片数量从 6 张增至 10 张，则 10 名被试中就只有 4 名
（而非之前的 7 名）能发现卡片的替换现象；而若将卡片减至 4 张，
在同等条件下，10 名被试中的 9 名被试有可能发现卡片的替换现

象，只有特别粗心的被试才可能会忽略卡片的替换问题。我们也可以不改变卡片的数量，只改变观察卡片的时间。如果被试观察6张卡片的时间不再是5秒，而是2秒的话，可能就只有5名或者4名被试（而非7名被试）能够观察到卡片的替换现象；如果留给被试足够长的观察时间，10名被试都可能会观察到卡片的替换现象。当然，适当缩短或延长两次观察的间隔时间，也会导致实验结果的变化。除此之外，第三个可变因素是相似度本身。若一对卡片的图片不再是两座教堂，而是一个是教堂，另一个是一座剧院
289 或者一栋摩天大楼，即相似值由原来的80%降至60%或50%，那么能够观察到卡片替换的被试数量会增加；相反，当一对卡片的图片都是同一座教堂，只不过角度略有不同，即相似值增加到90%或95%时，那么观察到卡片替换的被试数量将降至2或3名。当然，为了提高实验结果的可靠性，有必要时不时地放置两组完全相同的卡片。

如果考虑到多种可变因素，采用大量素材不断进行重测，那么，最终我们会得到一个恒定的公式。比如，将上述6张卡片呈现于黑色背景上，被试观察的持续时间为5秒钟，间隔20秒后，将其中一张卡片替换（与之前的卡片相似度为30%）后重新呈现，要求被试进行观察，80%的被试都能成功地发现卡片的替换现象。而当成对卡片的相似度为70%时，只有60%的被试能够成功地发现卡片的替换现象；当相似度为90%时，仅有30%的被试能够成功地发现卡片的替换现象。当然，以上数据都是虚拟的，只是用来对公式进行说明而已。但即使是通过心理实验总结出了一个精确的计算公式，我们仍无法从心理学角度来确定法律所应当允许的相

似度范围。如果严格按照法律条文的规定来判断侵权，那么，即使 290
禁止相似度较低的仿制品(比如明信片实验中展示 40%的相似度)也是合理的；如果放宽法律要求，那么，即使市场上的仿制品相似度极高(比如明信片实验中展示的 80%的相似度)，也是容许的。所有这些只能留给立法者和法官们去判断。但我们并不是一无所获，通过实验我们知道，如果被试观察每张明信片 5 秒钟，在 20 秒之后，其中的一张明信片被替换成相似的明信片，10 名被试中有 8 名发现了这种替换的话，那么这对明信片的相似度就为 30%。如果 10 名被试中有 3 名发现了替换，那么相似度就为 90%。总而言之，依据实验中成功发现卡片替换现象的被试比例，我们就可以排除主观臆断的作用，对卡片的相似度进行客观判断。如果法庭和商界都认可这种方法的话，那么只需要确定一个法律允许的相似度范围，就可以排除所有的不确定性了。如果我们可以像测量商品的重量或检验其化学成分一样，判断商品是否超出
规定的相似度界限，就可以避免因利益不同而引发的争论。当然， 291
实验条件与现实生活还是有着很大的区别。比如说，消费者想要购买之前见过的一张明信片，而售货员却提供了一张类似的明信片，暗示两张是相同的，那么，顾客面对的就不是一组 6 张明信片，而是一张明信片。在现实生活中，虽然他见过这张明信片，但是他并没有刻意记住这张卡片，而当想要购买时，时间上可能已相隔数月。在他的潜意识中，对于明信片的记忆已相当微弱。为了模拟这种微弱记忆的情景，我们在实验中将消费者希望购买的那张卡片置于一组数量为 6 张或 10 张的卡片中，被试的观察时间只有短短几秒钟，通过这样的安排，就可以保证被试对于每一张卡片的注

意力和相应的记忆效果都控制在一定的水平上。

为了最大程度地与实际生活相吻合，这类研究必须对每组卡片的数量、被试的观察时间和间隔时间，以及被试正确回答的百分
292 比进行认真的考察。在哈佛大学实验室，我们有时采用图片为实验材料，有时采用文字材料，有时采用具体的物体为实验材料。[①]无论实验的具体结果如何，我们都希望此项工作有助于推动心理技术学的实际运用。将这项实验的原理和公式稍加调整，就可以适用于市场上的任何商品。当然，即使将来某一天，实验心理学方法能够为法庭所认可，如果我们仅仅采用律师和地区检察官所进行的实验，那也只是对心理学的浅薄涉猎，其结果必然是无法接受的。确实，正如许多法律心理学问题一样，法庭只有像邀请化学家和医学家那样，邀请心理学家参与其中，在这类经济法律问题中引进心理学的实验成果才是合适的。另一方面，在过去几起较为轰动的庭审中，笔迹鉴定专家甚至是精神病学专家都因这样那样的原因而使自己蒙羞，心理学家可不愿意步其后尘。只有在国家赋予心理学专家出庭的权利，并确保其不受原告或被告干扰的前提
293 下，心理学家才能活跃在法庭上，助庭审一臂之力。为了不偏离主题，本书暂不讨论心理学家在法庭中的地位以及心理实验室的研究如何满足法庭的需要这类实际问题。

① 实验正在进行中，日后将由 G. A. 费恩戈尔德先生公布详情。

第二十三章　购买与销售 294

迄今为止，我们研究的都只是非生命体，如商品海报、商品展
示、广告、标签与包装的心理效应。毋庸置疑，未来经济领域的心
理技术学一定会利用类似方法来研究商业机构，实验将会精确追
踪售货员和顾客之间的关系。但目前来说，还没有人进行这方面
的尝试，更谈不上相关的实验研究了。其实，对顾客来说，无论是
销售员，还是印刷品，这二者所产生的心理效果并无二样，本质上
都是为了把顾客的注意力转移到不同焦点上，唤醒顾客对商品的
美好印象，强调商品的优点，阐明商品的特点，最终通过说理、劝说
或暗示影响顾客的决策。两者的重点都在于刺激客户的购买冲
动，并打消他们的种种顾虑。只是当商品或者印刷品换成了销售
员时，对客户施加心理影响的外在形式才变了。首先，因为只对一 295
小部分人群产生影响，影响范围更加狭窄了。但从另一方面说，也
带来了个性化的可能。商店售货员和上门推销员可以根据买方的
意愿、反应和答复，适时地调整自己的销售策略。这样的话，推销
员就可以通过一系列的方法和手段逐步把客户的注意力吸引到某
个点上，通过顾客的注意力来影响其决策。最初，售货员只能通过
客户的反应观察到客户只有有限的兴趣，但他逐渐就能发现哪些
方面暗藏着客户最强烈的购买欲望。在这个小小的领域，一旦他

发现成功的希望越来越大，他就能系统地排除任何干扰或分散顾客注意力的因素。销售员就能判断出哪种方式能更强烈地影响顾客的心理，是通过严密的逻辑论证还是通过暗示来影响顾客？他还能发现客户购买的欲望是出于追求快乐的本能、冲动的情绪、模仿的冲动、天生的虚荣、省钱的欲望，还是对奢侈品的渴望？只有
296 摸清了这些方面，售货员的暗示才能起到作用。他的声音可以增加客户的信心，也可以摧毁客户的自信；他坚定的话语可以打消客户的疑虑，他的犹豫不定也可能会让客户更加动摇。即使是手部或者手臂的动作也可能会增强客户的购买欲望，然而笨拙生硬的肢体语言可能会分散客户的注意力，导致客户心生迟疑，进而错失良机。

心理实验的发展是一个逐步的过程，每个阶段都会找到一个立足点，以此取得持续的发展。只有通过这样的方法论研究才能保证商业界摆脱漫无目的的无序尝试，转向真正的经济计划。在这个领域里，似乎偶然性事件控制着一切。因此，发生在售货员与客户之间的数百万次买卖活动产生了巨大的社会能量，但这些活动确实是杂乱无序的。对于任何一种文明来说，这种能量的巨大浪费都是非常不可取的。商业柜台前后所做的无用功产生了大量的时间浪费，国家预算中的很大一部分就是由这种巨大的浪费构成的。如果商业公司能够像分析股票和股票价格那样研究买卖行为的心理过程，不消说节省预算了，连柜台的女销售员们也都不会
297 再抱怨工作时间太长了。军队、消防部门、铁路服务部门，甚至在工厂里，所有的活动都会安排得井井有条，保证以最小的付出取得最大的成果。但是，尽管文明社会里数亿客户想在商店满足他们

的经济需求，所有的一切依旧变成了空谈，因为没有人肯下苦功夫去采用科学的方法来研究销售的心理技术学知识，也没有人愿意打下坚实的心理技术学基础去研究销售行为。

科学管理的理念必须从工业领域延伸到商业领域。我们必须像在工厂那样，引入一种省时又省力的经济系统，把销售人员对商品的质询和回答、展示和置换、说明和建议置于这个系统之中。无论在什么地方，只要是在经济进程中伴随有多余的、随意的举动，那么国家的资源必将蒙受损失。个体纯粹依靠直觉是无法找到一种理想的行动方式和操作方法的。我们需要通过系统的研究来确定节约能源的最佳方式，从而为新手制定一个具有约束力的工作规 298
则。一家百货商店的经验就可以告诉我们，细微之处是如何汇聚巨大能量的。在这家百货商店里，商品配送的费用在预算中往往比重过大，因此，商场的数百名售货员在每次卖出不算很重的商品时，总是要询问顾客："您方便把它带走吗?"而不是像之前那样询问："我们可以帮您送货吗?"很可能，每天成千上万的顾客中，没有一个人注意到这两句话之间的差异。对于大部分顾客而言，他们是否要亲自把这件小小的商品带回家也并不重要。如果顾客觉得不方便携带的话，他们肯定不会接受这样的提议，他们会坚持由商场把商品送到家。然而，据称这种微不足道的建议为来年节约了一笔相当可观的费用，这在整个公司的预算中能明显地感觉出来。

但是，我们也不能忘记，购买过程和销售过程一样，也应当引起心理学的关注。心理技术学在服务于重要的经济任务时，它的目标不可能是设计一个容易让消费者陷进去的陷阱。科学的目的不是帮助任何人把商品卖给一个不需要它的人，或者购买了该商

299 品之后又后悔的人。应用心理学家应当帮助潜在的购买者，并保护消费者，帮助消费者在整个经济过程中实现自己的真实愿望。否则，通过应用心理学家的暗示，消费者已经确定的目标可能会在他的意识中减弱，他的虚荣心或者他的本能会唤醒其自身难以抑制的非理性的购买欲。售货员必须知道如何有效地[1]论证自己的观点，提出建议；顾客也要知道如何识别误导性的销售行为，并且抵制这些建议。

我们应该认真对待商业生活中的心理因素，在批发行业以及股票市场这种更为复杂的情况下，更应当如此。这是合乎情理并且具有内在一致性的要求。最近，一家大型征信机构利用心理分析技术处理了自己获得的信息。众所周知，征信机构会对同一个商业链条中的多家公司的账目信息进行收集、制表和记录，从而对各种事件进行自动审查，及早发现可疑账目，指出客户条件的不足
300 或者繁荣发展的证据。由于某家公司与其所有客户的分类账目表格中不会显示其合作伙伴的信息，而其合作伙伴也会拿到包含有分类账目的报告，所以把许多分类账目组合起来就具备了重要的指导价值。然而，由于这些方法没有考虑到人的因素，导致这些结果只能表明市场的实际走势，而不能预测未来发展的前景。只有熟悉公司领导者的气质性格、才华与爱好、优点与弱点，才能预测这家拥有优秀资源的公司是否走向衰退，或者即使陷入困境，依然能够维持下去。因此，心理学的倡导者们不仅关心公司的分类账目，而且能够进行真正的心理学诊断和预判。如果要评价一位公司成员，那

---

① 沃尔特·迪尔·斯科特，《企业中有影响力的人》，纽约，1911 年。

么就要求每位与他有商业往来的公司成员匿名寄给中央征信机构一份报告，陈述对该员工的印象，征信机构就会由此生成一份关于该员工精神面貌的文件。当然，人们仍在采用流行心理学的方法随意而又业余地进行上述工作。我们计划采用科学心理学的观点来 301
对这些问题进行系统化的组织。如果我们能够获得足够的可靠信息，绘制成表，就可以采用常规的心理图析技术生成精确的百分比，判定某种特殊行为发生的可能性，从而取代传统的模糊分析。

作为一个整体，商业生活和心理学的联系不仅仅在于如何达到最好的心理效果。我们之前讨论了其他与工业生活以及工厂相关的其他问题，即如何发现最适合的人选，以及完成最有效的工作。在商业圈里也存在同样的问题。现在看来，最好能够设计一些心理测试，尽早考察员工是否具有成为成功的销售人员的潜质。如果能够这样的话，所有的商业领域就不会像之前那样，出现大的员工变动，或者负面的社会效果，雇主和员工都会从中受益。员工选拔是保证最佳工作效果的有效手段，然而选拔员工这样的工作至今仍然是依据常识判断来进行。商业常常受到大量不断变化的条件的影响，每个条件都会产生一些单独的影响。对于这些影响，我们现在可能尚未知晓，因为我们还没有采用实验方法对此展开系统的研究。关于这个话题的通俗读物数量巨大，也反映出销售 302
人员对真正的信息和建议的广泛需求。但是，这部分对经济学边缘地带进行研究的著作往往言辞含糊、空洞无物、毫无裨益，其效果也非常令人失望。现如今，实验心理学的发展还不足以完全取代这些流行读物，但至少，它指明了未来的发展方向。沿着这条道路前进，实验心理学可能就会在这方面提供一些实质性的帮助。

303 第二十四章　经济心理学的未来发展

本书谈论至此可稍作暂停。我们讨论了心理效果的基础问题，这个问题很快就会引出更重要的问题。经济工作对劳工的心理影响有哪些？经济活动是怎样影响社会心理的？非经济因素对经济主体心理机制的影响有多大？在当今社会，在那些流行心理学的基于目的诠释论的方法占据主导地位的领域，要求采用科学心理学的基于因果思想的方法来研究问题，将会是毫无意义的。我们的目的当然不是去回顾与经济效率相关的所有问题，而是通过一些典型实例来说明实验经济心理学的原则和方法。我们列举的所有例子都是为了清楚地说明心理技术学的特点，因此某个特定结果能否通过未来的试验调查、会不会被新的研究结果修正，这
304 并不重要。我们今天要做的并不是把这些结果当作固定知识的一部分传播出去，而是通过强调我们今天所取得的些许成就，激发后人继续努力，这是我们提出这些理论的唯一目的。

开展下一步的工作需要广泛合作，同时需要大量的人员参与实验。大部分实验都会在我们的心理实验室进行，并且实验是由接受过良好训练的工作人员做的，因此，实验人数多少对我们而言并不重要。但就应用心理学而言，由于个体差异成为了最为重要的因素，被试的数量就扮演着越来越重要的角色。因此，我们也应

当在不同地区开展同样的研究，以便交换和比较结果，这些经济心
理学研究是大学的心理实验室所无法完成的。在某种程度上，应
用心理学的其他分支也是如此。对于教育实验心理学和医学实验
心理学而言，只有在教室或者精神病诊所系统地开展该方面的实
验，才能充分发挥该学科的效果。教室和医院都是科研性质的场 305
所，可供科研人员随意出入，教师和医生可以随意组织学生和病人
实施这些有价值的实验。但是，车间、工厂、银行与市场中就没有
这样的有利条件。只有花费了一定时间、在特定的条件下从事学
术研究的心理学家，才能从事实验研究。如果这些实验（例如针对
工厂工人或铁路员工的实验）想要超越现在的初步成果，并且要为
这个时代的文化进步提供有效的服务，他们就不应该只是理论实
验室偶尔产生的副产品。要么让大学为实验心理学创建专门的实
验室，要么创建独立的研究机构，它们可以从国民政治经济的角度
出发，解决新的问题。我们也可以创建实验车间，满足特殊的实际
需求，确保大量人员可以参与到系统性的实验研究中去。对于美 306
国来说，理想的解决方式是参考工商业心理学，建立研究应用心理
学的政府机构。这有点类似于农业部广泛开设的示范性农业站。

只有建立了这样广泛的基础，在日常生活中系统开展工作的时机才会真正到来。我们的目的不是要求车间的工头或者工厂的负责人开展真正的实验研究，但是我们可以逐渐建立一个公认的规则和惯例系统，作为一种模式来执行。这其中并不涉及任何科学心理学知识，就如任何一个使用电话的人，并不需要去掌握电力原理的基本知识一样。除了任何人都适用的硬性规定外，一些特殊情况也需要特别的规则。因此，大型企业就需要聘请受过专业

训练的心理学家为其解决特定工厂的特殊的心理问题。许多工厂
307 都聘请过大量训练有素的化学家或物理学家为其服务，但是，他们
会认为聘请一位受过良好训练的实验心理学家属于一种无意义的浪费。不过，实验心理学家的观察和研究有可能成为影响经济收益的最重要因素。对于大型百货商场，尤其是对于大型运输公司来说，类似的预期是合理的。从小的方面说，在普通车间和商店里，也存在着相同的实际需要。显而易见，专业的咨询心理学家会最直接地满足它们的需求。一旦一群新的心理工程师进入工业生活领域，他们很快就会有进一步的专业分工。其中一部分心理学家会努力解决职业选拔任用的问题；一部分心理学家研究广告、陈设以及宣传问题；一部分心理学家研究疲劳、效率和休闲问题；一部分心理学家研究机器设计的心理要求。因此，每天都会有新任务。如果一位训练有素的心理学专家在车间里待上几个小时，或在工厂里工作几天，他可能就会从心理学的角度提出专业性的建
308 议，也可能会提出一些能够为工厂增加收入和利润的建议，这些建
议要比单纯购买新机器或增加工人数量重要得多。

毫无疑问，这种转变一定会遭遇很多变数乃至风险。也许有人会认为，它只是一场闹剧。虽然为了避免交通事故，人们曾要求通过系统心理学的方法测试电气铁路公司司机们的心理能力，但这并不是像有些较真的人想象的那样，国会议员、内阁大臣的任命，甚至结婚对象的选择也需要进行同样的心理实验测试。我们对工厂里的工作进行研究，其目的是为了采用最小的心理冲动去完成工作，但并不意味着要采取同样的实验方法，来研究吃饭、喝水或者做爱这样的事情。

在转型期，的确会面临许多困难和不适，但这些困难和不适无法阻挡我们对美好未来的憧憬。我们必须牢记的是，由于心理适应性的提高与心理条件的改善，未来工业效率的提高不仅有益于雇主，而且更有利于员工。员工的工作时间将会缩短，薪水将会增 309
加，生活水平也会得到提高。与双方获得的经济利益相比，更重要的是可以获得促使整个国民生活质量提高的文化收益。届时，每个人都能在自己的工作岗位上充分施展其才华，并从工作中获得最大限度的满足。经济实验心理学带给我们的最大好处将会是通过调整工作与心理状态，将工作中的不满、精神抑郁和沮丧一扫而光，从而出现个体内心和谐，社会欣欣向荣的局面。

索　引

本索引所标页码为原书页码，参见中文版边码

译 后 记

雨果·闵斯特贝格(Hugo Münsternberg,1863—1916)是美国心理学史上一位传奇人物。他在世时,才华横溢,著作等身。在美国心理学历史的早期,他对于应用心理学的贡献无人可及,因而成为当时最著名的心理学家之一。1916 年,他因心脏病突发而去世时,当时的美国心理学界却没有一篇悼念他的文章。在他死后,一直到现在,心理史学家很少有人提及他,他又成为了一位几乎被美国心理学界忘却的历史人物。

一 闵斯特贝格生平简介

1863 年,闵斯特贝格出生于德国普鲁士的但泽(Danzig,现波兰的格但斯克)。闵斯特贝格幼年在一所私立文法学校上学,9 岁时进入但泽大学预科学校学习,19 岁毕业后进入日内瓦大学学习法语和文学。在一个学期之后,他就转到莱比锡大学,学习医学。1883 年,闵斯特贝格在参加了威廉·冯特(W. Wundt)的一次讲座后,就决定进入威廉·冯特创办的莱比锡大学心理实验室,并于 1885 年获得心理学哲学博士学位。此后,他又于 1887 年获得海德堡大学的医学博士学位。

获得医学博士学位后,闵斯特贝格在弗莱堡大学谋得了一份教职,先后讲授社会心理学、医学和哲学等课程。1891 年,升任助理教授后的闵斯特贝格参加了在巴黎召开的首届国际心理学大会,并认识了威廉·詹姆斯。詹姆斯为闵斯特贝格的才华所吸引,邀请他到哈佛大学的心理学实验室担任主任。3 年后,工作出色的闵斯特贝格拒绝了哈佛大学提供的终身职位,返回弗莱堡大学。1897 年,应詹姆斯和哈佛校长之邀,闵斯特贝格重返哈佛,全面接掌了詹姆斯的心理学实验室,成为了詹姆斯机能学派的继承人,并于 1898 年,当选为美国心理学会主席。随后,又于 1908 年当选为美国哲学协会主席。

在美国工作的闵斯特贝格一直保留着德国国籍,并将增强德美关系作为自己的一项特殊工作,先后撰写了《美国人》《德国与美国》等著作。1910 年,闵斯特贝格作为交流教授由哈佛大学前往柏林大学工作。在此期间,他在柏林筹建了美国协会,还建议将德国的汉堡学院作为美国理想大学的范例。遗憾的是,虽然闵斯特贝格为改善德美关系付出了最大努力,却没有得到德国或者美国方面的同情。第一次世界大战开始后不久,美国轮船露西坦尼亚号被德国击沉,导致 200 多人死亡。闵斯特贝格由于平时态度亲德而被怀疑为间谍,受到多方面的责难和抨击,陷入孤立无助的困境,并导致精神抑郁。1916 年在哈佛大学德拉克利夫女子学院的讲堂上,闵斯特贝格因心脏病突发去世。

二 闵斯特贝格的心理学思想

实验心理学

闵斯特贝格对于自己的定位是一名实验心理学家。他在最初跟随冯特学习心理学时，接受的就是实验心理学的训练，从事的也是实验心理学的研究。在冯特的实验室里，闵斯特贝格完成了关于自觉动作的内省分析实验，并提出了有关心理活动性质的学说“动作论”。闵斯特贝格在弗莱堡大学工作期间，也聚焦于实验心理学的研究，研究主题涉及时间知觉、注意、联想、学习和记忆等领域。在初到哈佛大学时，闵斯特贝格的主要精力集中于心理学实验室的建设，并开展了领域广泛的实验心理学研究，涉及视觉和视知觉、情感和审美、注意和压抑、联想和记忆、情绪以及自动化行为等。

美学心理学

闵斯特贝格在美学心理学领域的突出贡献是其 1916 年出版的《电影：心理学研究》一书。在该书中，他强调电影的本质是“一种心理学游戏”，观众的知觉和心理幻觉是电影艺术的保障，为了理解电影感动观众的手段，就必须要求助于心理学。该书不仅系统讨论了运动画面的发展和电影评论等一般性的美学问题，还对于闪回、渐隐和特写的心理效应进行了具体阐述，因而被称之为电影心理学的奠基之作。

教育心理学

在心理学与教育实践的关系问题上，闵斯特贝格的态度有一个变化的过程。早期，他对于老师在课堂中应用心理学的知识持怀疑态度，主张将心理学家引进课堂。后来，闵斯特贝格的态度发生了变化，在《心理学与教师》中，他提出要将心理学应用于教学实践中。闵斯特贝格热衷于德国的教育系统，不太赞成美国的奖学金制。此外，他还反对世纪之交教育改革的新自由主义思潮，强烈反对任何水平的性教育。

临床心理学

1909年，闵斯特贝格出版了《心理治疗》一书。面向普通医生，他在书中对精神病治疗和心理治疗进行了明确的区分，认为前者是“对于精神疾病的治疗”，而后者是“通过影响心理生活而治疗疾病的一种实践”。该书整理了心理治疗的发展脉络，详细叙述了心理访谈、催眠等心理治疗方法。书中所附的涵盖广泛领域问题和治疗方法的案例记录也给读者留下了深刻的印象。他认为对于精神疾病来说心理治疗只是医疗实践的辅助手段，鼓励医生谨慎地使用心理疗法，呼吁社会对心理疾病施以关注并加强这方面的研究。

司法心理学

虽然闵斯特贝格很早就谈到血压与诚实检测之间的关系，也曾对陪审团的团体动力进行过实验研究，并认为女性由于非理性的思维特征而不能担任陪审员，但他司法心理学的思想主要集中于其经典著作《论证人席》之中。该书的前两章主要讨论目击者证言的真伪，之后的两章介绍的是如何区分犯罪者与无辜者，最后一部分则聚焦于犯罪的预防问题。

工业心理学

在应用心理学领域，闵斯特贝格最为突出的成就是开创了工业心理学。他的《心理学与工业效率》出版后，被译为多国语言，畅销一时。闵斯特贝格认为，工业心理学的目的就是追求个人在工业中的最高效率和最适宜的环境条件。他坚信，个人在工业环境中的最高效率，只有确保他在那种环境中获得最满意的适应时才能实现。《职业和学习》与《商业心理学》也是闵斯特贝格在工业心理学领域中的两部力作。在前者中，他详细阐述了职业指导的三角心理理论模型，主张个体应该努力找到与其才能、动机和知识相匹配的职业。后者对如何在商业领域中应用心理学的原理进行了系统介绍，内容涉及发放问卷与统计分析等科学研究程序，并考察了个体差异及其在人事雇佣和指导方面的应用情况。

三　闵斯特贝格的心理学思想与贡献简评

心理学研究领域的巨匠

闵斯特贝格的兴趣广泛，研究涉及领域众多，但他总能在每个研究领域体现出自身所特有的天赋，是心理学界不可多得的一位研究巨匠。在学术研究的早期，闵斯特贝格的研究主要集中于实验心理学，他早期的荣誉与后来的威望在很大程度上都来源于他的实验研究。在应用心理学领域，闵斯特贝格也是成就斐然。他是多个应用心理学领域的奠基者和先行者。作为一位高产的心理学家，他一生撰写了20多部著作，还有大量的文章。在当时，闵斯特贝格的学术贡献得到了心理学界的一致认可。在1897—1916的19年间，闵斯特贝格被一致认为是美国最著名的心理学家之一。卡特尔主编的《美国科学家》(1903)第一版明确地把他排列在詹姆斯之下，与他共居第10位的是卡特尔和霍尔。

应用心理学的先行者

闵斯特贝格在哈佛大学的研究工作主要是指向应用心理学的，在广泛的社会生活领域，他都找到了心理学的用武之地，向人们展示了心理学与社会生活相联结的有效途径。他的《电影：心理学研究》被称之为电影理论史上第一部有份量的研究著作，也被称之为电影心理学的奠基之作。在教育领域，闵斯特贝格提出了许多值得反思的问题，主张根据学生自身的特点来安排教学，这无疑是"因材施教"教育思想的一种具体体现。在司法领域，正是由于他的工作改变了当时的法庭，确立了精神病学家和心理学家可以以专家证人的身份正式出现的社会地位，测谎仪和心理评价手段成为公认的案件侦查技术，执法人员的必修课程中也必须包括心理学课程在内。在弗洛伊德的名字家喻户晓之前，闵斯特贝格在心理治疗方面的著作一直是最卖座的书籍。最后，闵斯特贝格在工业心理学领域的成就更是无人能比，因而被称为"工业心理学之父"。

工业心理学的奠基者

闵斯特贝格清晰地定义了工业心理学的各个领域，明确提出了人事心理学、消费心理学、工程心理学等工业心理学分支的研究大纲和目标，展示了心理学在工业领域中的重要价值。闵斯特贝格作为工业心理学的先驱，他的研究和思想不仅对后来的研究工作和工业心理学理论有着深远的影响，对于管理实践的发展也起着重要的推动作用。随手翻阅任何一本今天的《工业心理学》《工业与组织心理学》《管理心理学》与《人事心理学》等领域的教科书，在学科起源与专业发展历史中，在泰勒的科学管理与后来的霍桑实验之间，在现代管理从"物"到"人"的转变过程中，闵斯特贝格及其《心理学与工作效率》一书都是不可或缺的一环，都是一座无法绕越的丰碑。

心理学科普工作的宣传者

当闵斯特贝格的研究兴趣从学术研究转向应用研究之后，他的很多学术研究工作与心理学的科普宣传工作几乎都是密切联系在一起的。自1898年开始的15年里，闵特斯伯格撰写了大量流行性文章，文章主题涵盖社会生活的各个领域，包括美国人的人格、催眠、测谎、心理治疗、赌博、禁酒、精神病与潜意识等。在当时的时代背景下，他的这些通俗性作品促进了社会公众对于心理学的认识和了解，他的声音让心理学进入普通大众的生活，深入人心。

四 译事说明

我从2000年硕士毕业，留校任教以来，一直担任本科生的《管理心理学》课程（该课程在赵国祥教授的领导下，先后被评为“国家级精品课程”和“国家级精品视频开放课程”）的教学任务。每每在讲到“管理心理学的学科起源与发展历史”时，总是要介绍闵斯特贝格的生平简介与学术贡献。其中，“最理想的人”、“最理想的工作”与“最理想的效果”更为我在课堂上重点讲授的内容。讲的次数多了，不免对作者的原著产生兴趣，就有了想看看原著，看看作者究竟是怎么来论述自己的学术观点的愿望。

承蒙南京师范大学郭本禹教授的信任，推荐我来翻译闵斯特贝格的《心理学与工业效率》一书。初接任务时，心中颇为忐忑，唯恐对于学术大家的经典之作理解不透。特别是在通读全书初译之后，心中更为不安。因为作者闵斯特贝格是一位德国籍的美国心理学家，只能读英语而不能说英语，其很多重要的学术著作如《心理学与工业效率》都是以德文出版后再以英文出版，加之年代相对久远，理解起来就更为不易。好在张乔同志的加盟为本书的翻译工作增色了不少。在我们合力翻译全书之后，又先后请了两位英语专业的同仁对文稿进行了审校，以确保不至于歪曲了原著的本意，随后又请两位编辑专业的同志进行了文字润色与加工。纵然如此，文中肯定还有不少疏漏之处，敬请各位读者批评指正。译者联系方式：liyongxin@henu. edu. cn。

译　者

图书在版编目(CIP)数据

心理学与工业效率/(美)雨果·闵斯特贝格著;李永鑫,张乔译.—北京:商务印书馆,2019
(心理学名著译丛)
ISBN 978-7-100-17314-8

Ⅰ.①心… Ⅱ.①雨… ②李… ③张… Ⅲ.①工业心理学 Ⅳ.①F406.13

中国版本图书馆CIP数据核字(2019)第069670号

心理学名著译丛
心理学与工业效率
〔美〕雨果·闵斯特贝格 著
李永鑫 张 乔 译

商 务 印 书 馆 出 版
(北京王府井大街36号 邮政编码100710)
商 务 印 书 馆 发 行
北 京 冠 中 印 刷 厂 印 刷
ISBN 978-7-100-17314-8

2019年5月第1版 开本 880×1230 1/32
2019年5月北京第1次印刷 印张 6⅝

定价:25.00元